AF453152

PROSPER MONTAGNÉ

LA BONNE CHÈRE PAS CHÈRE SANS VIANDE

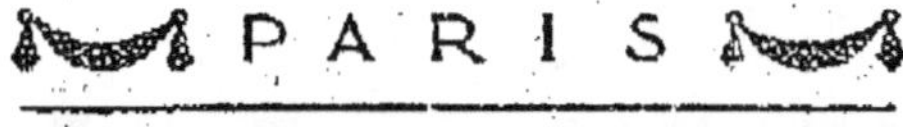

ÉDITIONS PIERRE LAFITTE

90, AVENUE DES CHAMPS-ÉLYSÉES

PARIS

AVANT-PROPOS

Trop nombreuses sont les personnes qui pensent que, sans viande, il n'est guère possible de composer des repas variés, savoureux, nutritifs.

Il est vrai que la multiplicité des ressources alimentaires carnées que nous possédions avant la guerre, et qui, il faut le croire, ne nous manqueront pas après, excusaient quelque peu le préjugé de la viande.

Mais, conséquence de la guerre et de ses difficultés économiques, les jours maigres sont venus. Des restrictions alimentaires ont été imposées. Quelques-unes persisteront peut-être assez longtemps encore.

Le décret qui, deux jours par semaine,

interdisait l'usage de la viande semblait bien dur à observer à beaucoup de gens. Cette restriction était d'autant plus gênante que le poisson et les œufs, ces succédanés de la viande, n'étaient guère accessibles, vu leur prix élevé, aux bourses moyennes.

Aussi pas mal de maîtresses de maison étaient-elles assez embarrassées pour composer leurs menus.

Il était donc nécessaire de donner un formulaire d'un nouveau genre dont toutes les recettes seraient établies sans viande et sans poisson, et où les œufs n'interviendraient eux-mêmes que comme adjuvants.

C'est ce formulaire que nous offrons à nos lecteurs. Les très nombreuses recettes qu'il contient sont rédigées de telle sorte qu'elles puissent être facilement comprises, même par les personnes les moins expertes en cuisine.

Le régime obligatoire des « jours sans viande » n'est plus qu'un souvenir. Il est à croire cependant que dans bien des familles, longtemps encore, cet usage persistera. Au surplus, ce régime est préconisé par d'éminents hygiénistes. Sans aller jusqu'aux exagérations des végétariens et des végétaliens, il n'est pas mauvais de se mettre parfois « au vert », c'est-à-dire de s'en tenir à une alimentation uniquement composée de légumes et de céréales.

En suivant les conseils donnés dans ce livre, cette alimentation ne sera ni monotone ni insipide. Sans faire appel à la viande ou au poisson, on pourra combiner des menus variés, conformes aux meilleurs principes de la cuisine française.

PROSPER MONTAGNÉ.

interdisait l'usage de la viande semblait bien dur à observer à beaucoup de gens. Cette restriction était d'autant plus gênante que le poisson et les œufs, ces succédanés de la viande, n'étaient guère accessibles, vu leur prix élevé, aux bourses moyennes.

Aussi pas mal de maîtresses de maison étaient-elles assez embarrassées pour composer leurs menus.

Il était donc nécessaire de donner un formulaire d'un nouveau genre dont toutes les recettes seraient établies sans viande et sans poisson, et où les œufs n'interviendraient eux-mêmes que comme adjuvants.

C'est ce formulaire que nous offrons à nos lecteurs. Les très nombreuses recettes qu'il contient sont rédigées de telle sorte qu'elles puissent être facilement comprises, même par les personnes les moins expertes en cuisine.

Le régime obligatoire des « jours sans viande » n'est plus qu'un souvenir. Il est à croire cependant que dans bien des familles, longtemps encore, cet usage persistera. Au surplus, ce régime est préconisé par d'éminents hygiénistes. Sans aller jusqu'aux exagérations des végétariens et des végétaliens, il n'est pas mauvais de se mettre parfois « au vert », c'est-à-dire de s'en tenir à une alimentation uniquement composée de légumes et de céréales.

En suivant les conseils donnés dans ce livre, cette alimentation ne sera ni monotone ni insipide. Sans faire appel à la viande ou au poisson, on pourra combiner des menus variés, conformes aux meilleurs principes de la cuisine française.

Prosper Montagné.

LA BONNE CHÈRE
PAS CHÈRE, SANS VIANDE

CHAPITRE PREMIER
LES POTAGES

BOUILLONS DE MOUILLEMENT

Form. 1. — Bouillon de légumes (pour mouillement des potages maigres).

Préparez ce bouillon ainsi qu'il est dit pour le Fonds blanc (v. Form. 218).

En plus des légumes indiqués à cette recette, ajoutez : 150 gr. de navets, 150 gr. de poireaux et 50 gr. de panais (selon le goût, aromatisez d'un peu d'ail et d'un clou de girofle).

Form. 2. — Consommé de légumes.

Faites légèrement revenir au beurre : 150 gr. de carottes, 150 gr. de poireaux, 50 gr. d'oignons et une branche de céleri coupés en tranches. Saupoudrez d'une pincée de sucre. Mouillez de 2 litres 1/2 de bouillon de légumes. Assaisonnez ; ajoutez un oignon légèrement brûlé, piqué d'un clou de girofle. Cuisez à petite ébullition pendant 2 heures. Passez.

Nota : Les légumes peuvent être utilisés pour garnir le potage ou de toute autre façon.

FORM. 3. — **Consommé ou Pot-au-feu végétarien.**

Mettez dans une marmite : 600 gr. de carottes, 400 gr. de navets, 100 gr. de panais, 3 poireaux, 100 gr. de céleri-rave, un oignon et une gousse d'ail.

Mouillez de 3 litres d'eau. Assaisonnez de 15 gr. de sel. Faites bouillir, écumez. Cuisez à petite ébullition pendant 3 h. 1/2.

Ajoutez un cœur de chou. Laissez cuire doucement pendant 3 heures encore.

Passez. Au dernier moment, ajoutez un morceau de beurre frais.

ota : Ce consommé s'utilise comme le bouillon de viande.

FORM. 4. — **Cuissons de légumes frais, de légumineuses, de pâtes alimentaires (pour mouillement des potages maigres).**

Ces diverses cuissons ne doivent jamais être supprimées. Elles sont excellentes pour mouiller les potages sans viande.

FORM. 5. — **Bouillon de légumes médical.**

Faites bouillir, pendant 4 heures, dans une quantité suffisante d'eau pour obtenir 1 litre après cuisson : 60 gr. de pommes de terre, 45 gr. de carottes, 15 gr. de navets, 6 gr. de haricots secs, 6 gr. de pois cassés et 5 gr. de sel. Passez ; employez le jour même.

POTAGES CLAIRS

[Avec comme base, le bouillon ou le consommé de légumes, on peut préparer tous les potages qui se font habituellement avec le bouillon gras. Nous indiquons ci-après les principales garnitures de ces potages.]

Consommés garnis.

FORM. 6. — **Consommé à la Brunoise.**

Carottes, navets, oignons, poireau, céleri coupés en très petits dés, fondus au beurre; pluches de cerfeuil.

FORM. 7. — **Consommé à la Chiffonnade.**

Laitue et oseille ciselées finement, étuvées au beurre; pluches de cerfeuil.

FORM. 8. — **Consommé Colbert.**

Printanière de légumes; petits œufs pochés; pluches de cerfeuil.

FORM. 9. — **Consommé Croûte au pot.**

Légumes du pot-au-feu, coupés en tronçons, étuvés au beurre; croûtes en pain flûte dorées au beurre, à part.

FORM. 10. — **Consommé aux Diablotins.**

Petites rondelles de pain flûte masquées d'un

mélange de Béchamel et de fromage (assaisonné au Cayenne) gratinées; pluches de cerfeuil.

FORM. 11. — **Consommé à la Julienne.**

Carottes, navets, oignons, poireaux, céleri, chou, laitue, oseille ciselés, doucement fondus au beurre; petits pois, pluches de cerfeuil.

FORM. 12. — **Consommé à l'Orge.**

Orge mondé ou perlé, lavé, blanchi, cuit dans le consommé de 2 heures à 2 h. 1/2.

FORM. 13. — **Consommé au Pain grillé.**

Rondelles minces de pain flûte séchées au four, servies à part.

FORM. 14. — **Consommé aux Pâtes.**

Pâtes cuites dans le consommé de 8 à 12 minutes, selon grosseur.

FORM. 15. — **Consommé aux Perles du Japon.**

Perles du Japon cuites dans le consommé de 20 à 25 minutes.

FORM. 16. — **Consommé à la Printanière.**

Carottes, navets (en dés ou en boules) petits pois. haricots verts (en dés ou en losanges) cuits à l'eau ou au bouillon maigre (et en général tous les légumes nouveaux); pluches de cerfeuil.

FORM. 17. — **Consommé au Riz**.

Riz poché dans le consommé de 25 à 30 minutes.

FORM. 18. — **Consommé au Sagou**.

Sagou cuit dans le consommé de 18 à 20 minutes.

FORM. 19. — **Consommé au Salep**.

Salep cuit dans le consommé de 18 à 20 minutes.

FORM. 20. — **Consommé à la Semoule**.

Semoule cuite dans le consommé de 12 à 15 minutes.

FORM. 21. — **Consommé au Tapioca**.

Tapioca cuit dans le consommé de 15 à 18 minutes.

FORM. 22. — **Consommé au Vermicelle**.

Vermicelle cuit dans le consommé de 5 à 12 minutes, selon grosseur.

POTAGES LIÉS

Il en est de trois sortes :

1º *Les purées*, qui se préparent avec des légumes frais plus ou moins féculents (pommes de terre, patates, topinambours, etc.) ; avec des légumes herbacés ou aqueux (laitues, épinards, artichauts, asperges, haricots verts, etc.), que l'on épaissit, soit avec des pommes de terre, soit avec du riz; avec des légumes secs (haricots, lentilles, fèves, pois cassés).

2º *Les crèmes* que l'on fait avec toutes sortes de légumes frais étuvés au beurre liés de Béchamel et finis avec de la crème fraîche. On les prépare aussi avec des farines de céréales et de légumineuses.

3º *Les veloutés* qui se préparent avec les mêmes légumes que les crèmes, mais qui sont mouillés avec du Velouté et comportent une liaison finale de jaunes d'œufs, de crème et de beurre.

[Ci-après, nous indiquons les types principaux de ces sortes de potages. Les recettes pourront être appliquées à tous les autres légumes frais ou secs et à toutes les farines.]

POTAGES PURÉES

Form. 23. — **Purée d'Artichauts.**

Étuvez au beurre 8 fonds d'artichauts blanchis, escalopés. Mouillez d'un litre de bouillon de légumes (ou d'eau) assaisonnez de sel, poivre et muscade. Ajoutez 200 gr. de pommes de terre en tranches. Cuisez doucement. Passez au tamis.

Remettez la purée dans la casserole. Éclaircissez au point voulu avec du bouillon de légumes (ou du lait). Faites bouillir. Au dernier moment, ajoutez 60 gr. de beurre. Servez avec petits croûtons frits au beurre, à part.

Form. 24. — **Purée d'Asperges.**

Procédez comme pour la purée d'artichauts avec 500 gr. d'asperges blanchies, étuvées au beurre. (On peut préparer ce potage, avec des queues d'asperges).

Form. 25. — **Purée de Céleri**.

Comme la purée d'artichauts avec 500 gr. de céleri émincé blanchi, étuvé au beurre.

Form. 26. — **Purée Condé**.

Mettez dans la marmite 200 gr. de haricots rouges trempés avec 8 décilitres d'eau froide et une pincée de sel. Faites bouillir; écumez. Ajoutez 2 décilitres de vin rouge, 1 carotte, 1 oignon piqué d'un clou de girofle, un bouquet garni, et un morceau de beurre. Cuisez doucement.

Égouttez les haricots; passez-les au tamis. Remettez la purée dans la casserole; diluez-la au point voulu avec la cuisson.

Faites ensuite bouillir, puis beurrez au dernier moment. Servez enfin, avec une garniture de croûtons en dés frits au beurre.

Form. 27. — **Purée Crécy**.

Étuvez au beurre, avec 50 gr. d'oignon émincé, 500 gr. de carottes émincées, Assaisonnez de sel et d'un peu de sucre; ajoutez un bouquet garni; mouillez d'un litre de bouillon de légumes (ou d'eau). Faites bouillir. Ajoutez 125 gr. de riz. Cuisez doucement. Passez au tamis. Finissez ainsi qu'il est dit pour la purée d'artichauts. Servez avec croûtons frits au beurre.

Form. 28. — **Purée Conti**.

Opérez avec des lentilles ainsi qu'il est dit pour la purée Condé, mais sans ajouter de vin rouge. Terminez comme il est dit pour la purée Condé.

FORM. 29. — **Purée de Cresson (dite Cressonnière).**

Étuvez au beurre 500 gr. de cresson trié, lavé, égoutté. Mouillez d'un litre de bouillon de légumes. Ajoutez 250 gr. de pommes de terre coupées en tranches; assaisonnez.

Finissez ainsi qu'il est dit pour la purée d'artichauts.

FORM. 30. — **Purée Dubarry.**

Cuisez ensemble (dans du lait ou dans du bouillon de légumes) 400 gr. de chou-fleur blanchi et 150 gr. de pommes de terre; assaisonnez.

Passez au tamis. Finissez la purée avec du lait bouillant, et beurrez-la, au dernier moment.

FORM. 31. — **Purée de légumes mélangés (cuisine végétarienne).**

Mettez dans une marmite 50 gr. de haricots blancs (ou de pois cassés) préalablement trempés. Mouillez avec l'eau nécessaire; salez, faites bouillir. Laissez cuire pendant 15 minutes.

Ajoutez 2 carottes, 1 navet, 2 poireaux et 1 oignon coupés en petits morceaux, revenus au beurre et additionnés d'une poignée d'oseille, d'autant de pourpier et d'arroche des jardins. Complétez le mouillement avec de l'eau chaude. Laissez cuire à petite ébullition pendant 3 heures.

Passez la purée au tamis. Remettez-la dans la casserole; faites-la bouillir. Éclaircissez-la, si c'est nécessaire avec de l'eau bouillante (ou du bouillon de légumes).

Ajoutez finalement un bon morceau de beurre et servez avec des croûtons en dés frits au beurre.

Form. 32. — **Purée Parmentier**.

Étuvez au beurre, sans le laisser colorer, le blanc émincé de 2 poireaux. Ajoutez 400 gr. de pommes de terre coupées en quartiers. Mouillez de 8 décilitres de bouillon de légumes ; assaisonnez ; cuisez à vive ébullition.

Passez la purée au tamis ; diluez-la au point voulu avec du lait (ou de la crème) faites-la bien chauffer et beurrez-la au dernier moment. Servez avec pluches de cerfeuil et petits croûtons frits au beurre.

Form. 33. — **Purée de Pois frais (dite Saint-Germain)**.

Cuisez vivement à l'eau salée, et la casserole découverte, 1 litre de pois fraîchement écossés.

Égouttez-les, passez-les au tamis fin. Diluez la purée au point voulu avec du bouillon de légumes (ou de la crème) ; beurrez-la, au dernier moment. Servez avec pluches de cerfeuil.

Form. 34. — **Purée de Pois cassés (dite purée aux croûtons)**.

Faites cuire avec un demi-litre d'eau 200 gr. de pois cassés préalablement trempés ; ajoutez un bouquet garni composé de 2 poireaux, d'une branche de thym, d'un fragment de laurier et de 3 ou 4 branches de persil. Ajoutez aussi 4 cuillerées de mirepoix de légumes (carottes, oignon et céleri coupés en gros dés, revenus au beurre). Faites cuire doucement.

Passez au tamis.

Finissez comme la purée d'artichauts. Servez avec croûtons frits au beurre.

Form. 35. — **Purée de Tomates (dite purée Portugaise).**

Étuvez au beurre une mirepoix composée d'une petite carotte, d'un oignon moyen, d'une branche de céleri, de thym et de laurier fragmentés.

Ajoutez 400 gr. de tomates pressées, coupées en morceaux. Assaisonnez de sel, de poivre, d'une pincée de sucre et d'un peu d'ail écrasé. Ajoutez 65 gr. de riz. Mouillez d'un demi-litre de bouillon de légumes. Cuisez doucement.

Passez au tamis; diluez avec du bouillon de légumes; faites bouillir; ajoutez 3 cuillerées de riz cuit au bouillon de légumes; beurrez au dernier moment; servez avec pluches de cerfeuil.

POTAGES CRÈMES

Form. 36. — **Crème d'Asperges.**

Étuvez doucement au beurre 500 gr. de pointes d'asperges blanches préalablement blanchies pendant 5 minutes à l'eau bouillante.

Mouillez d'un litre de Béchamel claire; assaisonnez. Cuisez à petite ébullition.

Passez à l'étamine. Éclaircissez au point voulu avec du lait bouilli. Faites bouillir.

Au dernier moment, ajoutez 2 décilitres de crème fraîche.

Nota : On ajoute à la plupart des potages crèmes des pluches de cerfeuil. On peut aussi les accompagner de croûtons en dés frits au beurre.

FORM. 37. — **Crème d'Avoine**.

Délayez sans grumeaux, avec 2 décilitres de lait bouilli froid, 200 gr. de farine d'avoine. Versez le mélange dans une casserole où vous aurez mis à bouillir 1 litre de lait. Mélangez ; assaisonnez ; faites bouillir. Cuisez pendant 1 heure 1/2 à petite ébullition.

Passez à l'étamine. Remettez le potage dans la casserole ; faites bouillir.

Au dernier moment, ajoutez quelques cuillerées de crème fraîche.

FORM. 38. — **Crème d'Avoine à la Brunoise**.

Ajoutez à 1 litre de crème d'avoine préparée ainsi qu'il est dit ci-dessus 5 cuillerées de Brunoise (carottes, navets, oignon, poireau, céleri coupés en très petits dés, étuvés au beurre).

FORM. 39. — **Crème d'Avoine à la Chiffonnade**.

Complétez la crème avec 5 cuillerées de Chiffonnade de laitue et d'oseille étuvée au beurre.

FORM. 40. — **Crème d'Avoine à la Julienne**.

Complétez la crème avec 5 cuillerées de Julienne de légumes étuvée au beurre.

FORM. 41. — **Crème d'Avoine aux Perles**.

Ajoutez à la crème deux fortes cuillerées de perles cuites d'autre part dans du bouillon de légumes.

FORM. 42. — Crème d'Avoine au Tapioca.

Comme la crème aux perles en remplaçant ces dernières par du tapioca.

Nota : Les garnitures indiquées pour la crème d'avoine sont également applicables à toutes les autres crèmes.

FORM. 43. — Crème de Blé vert.

Procédez, avec de la farine de blé vert, ainsi qu'il est dit pour la crème d'avoine.

FORM. 44. — Crème de Chicorée.

Étuvez au beurre 750 gr. de chicorée blanchie, rafraîchie, pressée. Mouillez d'un litre de Béchamel. Finissez ainsi qu'il est dit pour la crème d'asperges.

FORM. 45. — Crème de Laitue.

Procédez, avec des laitues, ainsi qu'il est dit pour la crème de chicorée.

FORM. 46. — Crème d'Orge.

Procédez, avec de la farine d'orge, ainsi qu'il est dit pour la crème d'avoine.

Nota : On peut aussi opérer ainsi : cuisez doucement avec 1 litre de bouillon de légumes, 375 gr. d'orge perlé bien lavé. Broyez et passez au tamis fin. Diluez avec du bouillon de légumes. Finissez comme la crème d'asperges.

FORM. 47. — Crème d'Orties.

Procédez avec des orties nouvelles (blanchies,

rafraîchies, pressées et étuvées au beurre) ainsi qu'il est dit pour la crème de chicorée.

FORM. 48. — **Crème de Riz.**

Procédez, avec de la farine de riz, ainsi qu'il est dit pour la crème d'avoine.

Nota : On peut aussi préparer cette crème avec du riz en grain en opérant ainsi qu'il est dit pour la crème d'orge.

POTAGES VELOUTÉS

La préparation de ces potages est identique à celle des crèmes, sauf qu'on les mouille avec du Velouté (v. Form. 229) en place de Béchamel ; au dernier moment on les lie avec des jaunes d'œufs, de la crème et du beurre à la proportion de 3 jaunes, d'un décilitre de crème et de 80 gr. de beurre par litre de potage.

POTAGES DIVERS

FORM. 49. — **Potage Ambassadeur.**

Complétez 1 litre de purée de pois frais (éclaircie avec du lait ou avec du bouillon de légumes) avec 2 cuillerées de chiffonnade d'oseille et de laitue et 4 cuillerées de riz cuit au bouillon de légumes. Au dernier moment, ajoutez une cuillerée de pluches de cerfeuil.

Form. 50. — **Potage d'Avoine**.

Lavez et faites tremper, pendant 2 heures dans de l'eau tiède 375 gr. d'avoine concassée. Égouttez cette avoine, mettez-la dans une casserole ; mouillez-la d'un litre d'eau. Garnissez d'un poireau et d'une branche de céleri émincés, assaisonnez ; faites bouillir. Cuisez 3 heures, à petite ébullition.

Passez au tamis. Remettez la purée dans la casserole. Éclaircissez avec du lait préalablement bouilli ; mélangez ; faites bouillir. Au dernier moment, ajoutez un peu de beurre frais. Servez avec croûtons en dés frits au beurre.

Form. 51. — **Potage Faubonne**.

Complétez 1 litre de purée de haricots blancs (éclaircie au point voulu) avec 2 décilitres de Julienne. Ajoutez des pluches de cerfeuil.

Form. 52. — **Potage Fontanges**.

Ajoutez à 1 litre de purée Saint-Germain éclaircie au bouillon de légumes (ou au lait) et bien beurrée, 2 cuillerées de chiffonnade d'oseille fondue au beurre et des pluches de cerfeuil.

Form. 53. — **Potage Germiny**.

Mouillez d'un litre de consommé de légumes 200 gr. d'oseille ciselée, fondue au beurre. Assaisonnez ; faites bouillir.

Au dernier moment, liez le potage avec 6 jaunes d'œufs délayés avec 1 décilitre et demi de crème. Faites prendre sur le feu *sans laisser bouillir*. Ajoutez, hors du feu, 80 gr. de beurre et des pluches de cerfeuil.

FORM. 54. — **Potage Julienne à la crème.**

Faites doucement étuver au beurre les légumes habituels (carottes, navets, poireaux, oignons, céleri, chou, laitue, oseille) coupés en minces filaments.

Lorsque ces légumes sont cuits et bien glacés, mouillez-les avec du lait préalablement bouilli. Assaisonnez ; faites bouillir quelques minutes.

Au dernier moment, liez le potage avec des jaunes d'œufs et de la crème fraîche. Complétez avec pluches de cerfeuil.

FORM. 55. — **Potage Julienne Darblay.**

Ajoutez à 1 litre de potage Parmentier 4 cuillerées de Julienne de légumes préparée d'autre part. Liez avec jaunes d'œufs et crème. Beurrez au dernier moment et complétez avec pluches de cerfeuil.

FORM. 56. — **Potage Julienne avec purées diverses.**

Préparez les légumes de la Julienne selon la méthode habituelle. Lorsqu'ils sont cuits ajoutez-leur une purée de légumes frais ou secs : haricots blancs ; laitues ; lentilles ; marrons ; pommes de terre, etc., préparée d'autre part selon la méthode habituelle.

Éclaircissez le potage avec la cuisson du légume employé ou avec du lait préalablement bouilli. Assaisonnez ; faites bouillir quelques instants.

Au dernier moment, ajoutez un peu de beurre frais et des pluches de cerfeuil.

FORM. 57. — **Potage Julienne au riz**.

Mettez à pocher dans le potage, pendant 30 minutes, du riz bien trié (une cuillerée par personne, 45 à 50 gr. par litre de potage).

FORM. 58. — **Potage Longchamp**.

Complétez 1 litre de purée de pois frais (terminée) avec 2 cuillerées de chiffonnade d'oseille et 2 décilitres et demi de consommé au vermicelle (le vermicelle poché dans du bouillon de légumes) ajoutez, au dernier moment, des pluches de cerfeuil.

FORM. 59. — **Potage aux Orties (Cuis. russe) (Stschi Zelionye is krapiwa)**.

Faites blanchir à l'eau bouillante salée 350 gr. d'orties nouvelles. Égouttez-les : rafraîchissez-les, pressez-les bien. Hachez-les finement. Ajoutez-leur les deux tiers de leur poids d'oseille fondue au beurre et passée au tamis.

Mettez ces herbes dans une casserole où vous aurez préalablement fait fondre au beurre 50 gr. d'oignon haché, saupoudré, en fin de cuisson, d'une cuillerée de farine. Mélangez sur le feu. Mouillez avec du bouillon de légumes; assaisonnez. Laissez cuire 20 minutes.

Au dernier moment, liez le potage d'un décilitre et demi de crème aigre (Smitane). Servez en même temps que ce potage des moitiés d'œufs durs farcis, panés et frits.

Form. 60. — **Potage de Santé**.

Complétez 1 litre de potage Parmentier un peu clair avec 3 cuillerées de chiffonnade d'oseille fondue au beurre. Liez avec jaunes d'œufs et crème. Beurrez. Ajoutez des pluches de cerfeuil en servant.

Form. 61. — **Potage Solférino**.

Préparez une purée claire à base de carottes, poireaux, oignons (fondus au beurre) complétée avec tomates et pommes de terre. Garnissez cette purée, une fois terminée, avec 2 cuillerées de pommes de terre levées à la cuiller ronde en forme de petites boules et cuites à l'eau et de 2 cuillerées de haricots verts en dés cuits à l'eau. Ajoutez des pluches de cerfeuil.

Form. 62. — **Potage Velours**.

Complétez 1 litre de purée Crécy terminée avec 2 décilitres et demi de tapioca préparé avec du consommé de légumes.

Remarque : *Dans tous les potages où la farine de blé est indiquée comme élément de liaison, on peut, à défaut de cette farine, employer toute autre farine de céréales ou de légumineuses.*

CHAPITRE II

HORS-D'ŒUVRE FROIDS
HORS-D'ŒUVRE CHAUDS

HORS-D'ŒUVRE FROIDS

[Nous donnons ci-après, et en nous bornant à indiquer brièvement leur composition, un certain nombre de hors-d'œuvre froids rarement servis en ménage. On pourra ainsi, sans faire appel aux articles à base de viande ou de poisson, apporter une plus grande variété dans cette partie des menus de déjeuners.]

FORM. 63. — **Aceto-dolce.**

Mélange de légumes et de fruits confits au vinaigre avec sirop de moût de raisin, miel et moutarde.

FORM. 64. — **Agoursis.**

Concombres russes salés.

FORM. 65. — **Artichauts à la Grecque.**

Petits artichauts cuits dans une marinade d'huile, jus de citron, fenouil, coriandre, poivre.

Form. 66. — **Bigarreaux confits**.

Confits dans du vinaigre aromatisé.

Form. 67. — **Canapés**.

Toasts de formes diverses, grillés, tartinés de beurre simple ou composé, garnis d'œufs, légumes cuits, salades, truffes, etc.

Form. 68. — **Céleri à la Grecque**.

Cœurs de céleri-branches ou céleri-rave en tronçons cuits comme les artichauts à la Grecque.

Form. 69: — **Cèpes marinés**.

Petits cèpes cuits dans marinade composée d'huile, de jus de citron.

Form. 70. — **Cerneaux au verjus**.

Noix fraîches pelées, assaisonnées de verjus et de gros sel.

Form. 71. — **Fenouil bulbeux**.

Se sert nature ou préparé comme les artichauts à la Grecque.

Form. 72. — **Poireaux marinés**.

Blanc de poireaux cuits comme les artichauts à la Grecque.

[Indiquons enfin, à titre documentaire, les différents hors-d'œuvre froids pouvant être servis dans les déjeuners « sans viande ».]

Achards. Artichauts à la poïvrade. Fonds d'artichauts cuits en salade, ou garnis de Macédoine de légumes. Betterave en salade. Beurre. Céleri-rave en salade. Chou-fleur à la vinaigrette. Chou-rouge mariné. Chou-vert à la vinaigrette. Concombres en salade. Figues fraîches. Melon. Petits melons confits au vinaigre. Mûres au naturel. Olives noires ou vertes. Pickles. Piccalillis. Piments doux. Poireaux cuits à la vinaigrette. Poivrons doux. Radis noirs et roses. Salades simples ou composées : pommes de terre, haricots blancs, lentilles, Macédoine, etc. Tomates à la vinaigrette.

HORS-D'ŒUVRE CHAUDS

[Les articlès dont les recettes sont données ci-après peuvent être servis — surtout dans les repas du soir — comme hors-d'œuvre (immédiatement après le potage) ou comme petites entrées.]

Form. 73. — **Attereaux au Parmesan.**

Enfilez sur des brochettes de bois, en les alternant, des rondelles épaisses d'un demi-centimètre levées sur une abaisse bien refroidie de semoule au Parmesan et des rondelles de fromage de Gruyère de mêmes dimensions. Panez à l'anglaise ; faites frire au dernier moment.

FORM. 74. — **Barquettes**.

Foncez avec de la pâte fine, ou du demi-feuilletage des petits moules à barquettes. Faites cuire à blanc. Démoulez les barquettes. Garnissez-les avec un appareil lié à blanc ou à brun. Les garnitures convenant le mieux pour ces articles sont les salpicons divers. On trouvera des indications à ce sujet dans les recettes données, d'autre part, pour les bouchées, les cassolettes, les croûtes, les croustades.

FORM. 75. — **Beignets**.

Ce terme désigne surtout les articles, légumes ou autres, trempés dans de la pâte à frire et frits à grande friture. On prépare aussi des beignets avec de la pâte à beignets qui, on le sait, est semblable à la pâte à choux.

Pour hors-d'œuvre, on peut préparer en beignets (en pâte à frire) les artichauts (les fonds), les asperges, les aubergines, le céleri-rave, le chou-fleur, les crosnes, les salsifis, etc. On peut aussi préparer de la même façon, des appareils, salpicons surtout liés à la Béchamel ou au Velouté, divisés en petites parties et trempés dans de la pâte à frire. Les beignets se servent en buisson, sur serviette, avec persil frit.

FORM. 76. — **Beignets soufflés au fromage**.

Préparez une pâte à choux avec 1/4 litre d'eau, 50 gr. de beurre, 160 gr. de farine tamisée et 3 à 4 œufs. Complétez avec 50 gr. de Gruyère coupé en très petits dés. Assaisonnez d'un peu de muscade et de Cayenne.

Faites frire les beignets en pleine friture brûlante. Égouttez ; dressez sur serviette.

Form. 77. — **Beurrecks à la Turque.**

Préparez un appareil composé de 125 gr. de Gruyère coupé en petits dés, lié de 3 cuillerées de Béchamel réduite, presque froide.

Laissez bien refroidir ; divisez en petites parties ; façonnez chaque partie en forme d'un cigare de grosseur ordinaire.

Enveloppez chaque beurreck dans une abaisse mince de pâte à nouilles. Soudez les bords de cette abaisse.

Panez les beurrecks à l'anglaise. Faites les frire au dernier moment ; dressez sur serviette.

Form. 78. — **Blinis (crêpes russes).**

Préparez un levain composé de 15 gr. de levure délayée dans 2 décilitres de lait tiède et 25 gr. de farine tamisée. Laissez fermenter 2 heures dans un endroit tiède. Ajoutez : 125 gr. de farine tamisée, 2 jaunes d'œufs, 1 décilitre 1/2 de lait tiède et une pincée de sel. Mélangez ; complétez avec 2 blancs d'œufs fouettés. Laissez lever une demi-heure.

Cuisez les blinis au beurre, dans de petites poêles, comme des crêpes ordinaires, mais en les tenant un peu plus épaisses.

Form. 79. — **Bouchées.**

Les bouchées (faites, rondes ou ovales, en pâte feuilletée) fournissent un excellent hors-d'œuvre chaud ou une petite entrée. On les garnit diversement. Pour les menus sans viande, outre les appareils indiqués d'autre part pour les bordures, croustades, croûtes, on pourra les apprêter comme suit : *Argenteuil* : salpicon d'asperges lié à la Béchamel ; *Champignons* : salpicon de champignons lié au velouté ou à la demi-glace ; *Clamart* : petits pois à la Française ; *Conti* : purée de lentilles ; *Fermière* : paysanne de racines liée à la Béchamel ; *Forestière* : morilles sautées au beurre ; *Languedocienne* : aubergines en dés liées de fondue de tomates à l'huile ; *Macédoine* : macédoine de légumes à la crème ; *Monselet* : salpicon d'artichauts et de truffes au velouté ; *Niçoise* : olives noires liées de fondue de tomates à l'estragon ; *Piémontaise* : rizotto aux truffes ; *Princesse* : pointes d'asperges et truffes ; *Provençale* : cèpes à la Provençale (pour le détail des garnitures spéciales aux bouchées, voir page 90).

Form. 80. — Caisses, Caissettes, Cassolettes.

Les caisses et caissettes se préparent en papier. Il existe maintenant des petites caisses en porcelaine à feu qui les remplacent très avantageusement. Ces caisses se garnissent comme les bouchées.

Les cassolettes, également en porcelaine à feu (ou en métal) reçoivent les mêmes garnitures que les caisses. Ces apprêts permettent d'utiliser d'une façon parfaite tous les articles de desserte. On fait généralement gratiner les caisses et les cassolettes.

Form. 81. — Camembert frit.

Détaillez en menus rectangles du camembert bien nettoyé. Assaisonnez-le de Cayenne. Trempez dans un œuf battu en omelette et recouvrez de mie de pain. Pour former une enveloppe bien résistante panez le fromage à deux reprises. Au dernier moment, faites frire à pleine friture brûlante. Servez sur serviette.

Form. 82. — **Cromesquis**.

On les prépare avec les mêmes appareils que les *croquettes*. Une fois refroidi divisez l'appareil en petites parties. Façonnez ces parties en rectangles ; enveloppez-les avec une crêpe (sans sucre). Au dernier moment, trempez dans de la pâte à frire et faites frire à pleine friture brûlante.

Form. 83. — **Croquets au Parmesan**.

Préparez une pâte ferme avec 125 gr. de farine tamisée, 125 gr. de beurre, 125 gr. de Parmesan râpé, une cuillerée de crème. Assaisonnez de sel, poivre, muscade. Abaissez ; détaillez en ronds (ou en rectangles). Rangez sur plaque.

Cuisez au four. En sortant de cuisson, saupoudrez de Parmesan.

Form. 84. — **Croquettes (méthode générale)**.

L'appareil à croquettes se compose d'un salpicon (fait d'un seul ou de plusieurs éléments) lié de sauces brunes ou blanches. Une fois refroidi, divisez l'appareil en parties de 50 à 70 gr. Roulez ces parties dans la farine ; panez-les à l'œuf et à la mie de pain. Façonnez diversement. Faites frire à pleine friture. Égouttez, dressez sur serviette avec persil frit. Servez avec sauce tomate ou autre, à part.

Voici quelques compositions de croquettes :

Form. 85. — **Croquettes aux Champignons.**

Salpicon de champignons cuits lié de Velouté ou de Béchamel.

Form. 86. — **Croquettes de Légumes.**

Légumes divers (cuits) coupés en dés, étuvés au beurre, liés de Velouté ou de Béchamel.

Form. 87. — **Croquettes de Gruau d'avoine.**

Préparez et faites refroidir une bouillie d'avoine ainsi qu'il est dit Form. 192 qu'au sortir de cuisson vous aurez liée avec des jaunes d'œufs. Terminez les croquettes selon la méthode habituelle.

Form. 88. — **Croquettes Milanaise.**

Salpicon de macaroni au fromage lié de Béchamel additionnée de sauce tomate et de truffes.

Form. 89. — **Croquettes d'Orge.**

Faites les croquettes avec de la bouillie d'orge liée aux jaunes d'œufs, ainsi qu'il est dit pour les croquettes de gruau d'avoine.

Form. 90. — **Croquettes de Polenta.**

Comme les croquettes de gruau d'avoine (Voir Formule 87).

Form. 91. — **Croquettes de Riz.**

Préparez les croquettes avec du riz au beurre ou du rizotto, selon les indications données pour les croquettes de gruau d'avoine.

Nota : On peut enfin préparer des croquettes avec d'autres articles tels que : nouilles au fromage ; purées de pommes de terre ou d'autres légumes frais ; purées de légumes secs, haricots, lentilles, pois cassés ; macédoine de légumes liée à la Béchamel ou au Velouté, etc., etc.

FORM. 92. — **Croustades**.

Les indications données pour les grosses croustades servies comme entrées s'appliquent à celles servies comme hors-d'œuvre ; ces dernières doivent seulement être faites moins volumineuses (voir F. 116 et suivantes).

FORM. 93. — **Croûtes garnies**.

Même remarque que ci-dessus (Voir Formules 122 et suivantes).

FORM. 94. — **Fondus au Parmesan (méthode Belge.)**

Mouillez de 1 /2 litre de lait bouilli un roux blanc de 60 gr. de beurre et de 60 gr. de farine. Assaisonnez de sel, poivre, muscade ; faites bouillir ; cuisez au four, à découvert 25 minutes.

Retirez la croûte qui s'est formée sur l'appareil. Incorporez au restant du mélange, en le travaillant à la cuiller, 4 jaunes d'œufs et 100 gr. de Parmesan râpé. Versez. sur une plaque beurrée ; beurrez le dessus, pour empêcher de former croûte ; laissez refroidir.

Renversez la plaque sur la table farinée. Démoulez l'abaisse et détaillez-la en ronds de 3 centimètres de diamètre.

Panez ces ronds à l'anglaise ; au dernier moment, faites frire à pleine friture brûlante. Égouttez ; dressez sur serviette.

Form. 95. — **Fritots.**

Se préparent comme les beignets frits à base de pâte à frire.

Form. 96. — **Walesnikis (Cuisine russe).**

Mélangez en pâte lisse 125 gr. de fromage blanc et 125 gr. de beurre un peu ramolli. Liez d'un œuf ; assaisonnez de sel et de poivre.

Divisez en parties grosses comme un petit œuf. Enveloppez chacune de ces parties dans une crêpe mince sans sucre. Façonnez en rectangles au dernier moment, trempez dans la pâte à frire et faites frire.

Form. 97. — **Piroguis Caucasiens (Cuisine russe).**

Préparez une pâte à choux ordinaire ; lorsque la pâte est cuite, ajoutez-lui une forte poignée de fromage râpé.

Étalez la pâte sur une plaque en une couche régulière, épaisse de 6 millimètres. Faites cuire au four.

Renversez sur la table cette abaisse de pâte. Partagez-la en deux parties et masquez ces abaisses d'une couche peu épaisse de Béchamel additionnée de champignons, émincés, passés au beurre, et d'un peu de fromage râpé.

Détaillez en rectangles. Enduisez entièrement ces rectangles de sauce Béchamel. Roulez-les dans la chapelure ; trempez-les dans un œuf battu avec sel et poivre et panez-les à la mie de pain.

Au dernier moment, faites frire à grande friture brûlante. Egoutiez ; dressez sur serviette.

Form. 98. — **Rissoles**.

Garnissez d'un salpicon divers lié à la Béchamel ou au Velouté (ou d'une farce maigre quelconque) une petite abaisse ronde et mince de pâte fine ou de demi-feuilletage. Recouvrez d'une autre abaisse de même dimension. Soudez les bords; faites frire à pleine friture.

Nota : On peut aussi faire les rissoles en forme de chausson.

Form. 99. — **Petits soufflés**.

(Voir chapitre des Entrées, p. 32). Pour hors-d'œuvre, les soufflés se dressent dans de petites cassolettes en porcelaine ou en métal ou dans des caisses en papier gaufré.

Form. 100. — **Subrics d'Artichauts (et autres légumes)**.

Faire étuver au beurre 250 gr. de fonds d'artichauts blanchis coupés en dés. Ajoutez à ce salpicon 4 cuillerées de Béchamel réduite et, hors du feu, liez d'un œuf et d'un jaune battus en omelette. Assaisonnez de sel, poivre, muscade.

Mettez cette composition, cuillerée par cuillerée, dans une poêle où vous aurez fait chauffer du beurre clarifié. Opérez de façon que les subrics, qui doivent être de forme ronde, cuisent sans se toucher. Faites-les colorer des deux côtés. Dressez-les sur un plat rond, et servez avec sauce crème à part.

Nota : On prépare de la même façon les subrics d'*asperges*; d'*aubergines* (détaillées à cru, sautées au beurre) ; de *céleri-rave*; de *carottes* (avec carottes à la crème); de *haricots verts*; de *macédoine de légumes*.

FORM. 101. — **Subrics de Chicorée (et autres légumes herbacés)**.

Ajoutez à 250 gr. de chicorée braisée bien serrée 4 cuillerées de Béchamel. Liez d'un œuf et d'un jaune ; assaisonnez. Terminez comme ci-dessus.

Nota : On prépare ainsi les subrics de *choux braisé* (détaillés en julienne) ; de *choux-fleurs*; d'*endives*; d'*épinards*, de *laitues*.

[Les recettes données ci-dessus permettent d'utiliser de façon parfaite toutes les dessertes de légumes.]

FORM. 102. — **Subrics de Polenta**.

Opérez avec de la farine de maïs, ainsi qu'il est dit pour les subrics de semoule.

FORM. 103. — **Subrics de Riz**.

Liez de 2 œufs battus en omelette 400 gr. de rizotto préparé selon la méthode habituelle (v. F. 209). Avec cet appareil, faites les subrics ainsi qu'il est dit ci-dessus.

Selon indication garnissez, comme il est prescrit pour les subrics de semoule.

FORM. 104. — **Subrics de Semoule (avec garnitures diverses)**.

Appareil : Versez en pluie dans 1/2 litre de bouillon de légumes (v. Form. 1) ou de lait bouillants 125 gr. de semoule. Ajoutez une forte cuillerée de beurre ;

assaisonnez ; mélangez ; cuisez au four 25 minutes. Liez de 3 jaunes d'œufs. Versez sur plaque beurrée en couche épaisse de 2 centimètres ; beurrez la surface. Laissez refroidir.

Détaillez en anneaux de 5 à 6 centimètres de diamètre. Faites dorer des deux côtés, au beurre, à la poêle. Dressez en couronne. Mettez au milieu de chaque subric une cuillerée de la garniture indiquée. Entourez d'un cordon de sauce tomate ou demiglace. Arrosez avec le beurre de cuisson.

Nota : L'appareil des subrics de polenta ou de semoule peut être complété avec du fromage râpé.

Ces subrics se garnissent avec les articles suivants : *salpicons d'artichauts ou autres* légumes (étuvés au beurre ou liés à la crème) ; *champignons* (à la crème) ; *duxelles* (très serrée) ; *épinards* (étuvés au beurre ; *Macédoine* de légumes (au beurre ou à la crème) ; *Mirepoix* de racines ; *Portugaise* (tomates fondues au beurre) ; truffes en dés (au beurre ou à la crème).

Form. 105. — **Tartelettes.**

[Les croûtes à tartelettes se font en pâte à foncer fine ou en demi-feuilletage, de forme ronde. On les garnit de salpicons divers : voir bouchées, croustades et autres articles du même genre].

Form. 106. — **Welsh Rarebit.**

Mettez dans une petite casserole du fromage de Chester (ou de Glocester) coupé en menus morceaux. Mouillez de quelques cuillerées de Pale-Ale, ajoutez un peu de moutarde anglaise et une pointe de Cayenne. Faites fondre le mélange sur feu vif, en remuant sans discontinuer.

Versez cette fondue sur des tranches de pain anglais grillées et beurrées. Égaliser la couche de fondue; faites vivement glacer au four très chaud; servez aussitôt.

Form. 107. — **Autre méthode**.

Recouvrez de fromage de Chester (ou de Glocester) râpé des tranches de pain anglais grillées et beurrées; saupoudrez de Cayenne.

Faites glacer au four; servez aussitôt.

Remarque : *La farine de blé indiquée comme base de préparation de certains hors-d'œuvre chauds peut être remplacée par de la farine de maïs, d'orge ou de riz, et également par la farine de certaines légumineuses.*

CHAPITRE III

GRANDES
ET PETITES ENTRÉES

[Tous les apprêts indiqués dans ce chapitre sont extrêmement nutritifs et peuvent donc être servis en remplacement de plats de viande.

On peut, en les faisant moins volumineux, les servir également comme hors-d'œuvre chauds.]

BORDURES GARNIES

FORM. 108. — **Bordures garnies (méthode générale).**

Ces bordures peuvent être faites avec des appareils divers. Les plus employés sont : les farces diverses, les purées de légumes, le riz, la polenta, etc. Tous ces appareils sont dressés dans des moules spéciaux analogues à ceux à Savarin. Une fois pochées au four, les bordures sont démoulées sur un plat rond et garnies, au centre, avec les articles indiqués, ragoûts divers, légumes, etc.

FORM. 109. — **Bordure de Chicorée.**

Appareil : Additionnez de 2 œufs battus en omelette 400 gr. de chicorée braisée bien serrée. Remplissez de ce mélange un moule à bordure beurré. Pochez au bain-marie. Garnissez suivant indication.

FORM. 110. — **Bordure d'Épinards.**

Opérez avec des épinards hachés étuvés au beurre ainsi qu'il est dit pour la bordure de chicorée. (On peut ajouter aux épinards un peu de Béchamel).

FORM. 111. — **Bordure de Gruau de sarrasin.**

Garnissez aux trois quarts avec de la farce à quenelles de gruau (v. Form. 216), un moule à bordure. Terminez ainsi qu'il est dit ci-dessus.

FORM. 112. — **Bordure de Polenta.**

Comme ci-dessus avec Polenta au fromage (voir Formule 204).

FORM. 113. — **Bordure de Purée de pommes de terre.**

Comme ci-dessus avec de la purée de pommes de terre Duchesse (voir Formule 186).

FORM. 114. — **Bordure de Riz.**

Remplissez le moule beurré de riz, au blanc (voir Formule 204). Tassez bien; passez quelques instants au four.

FORM. 115. — **Bordure de Semoule.**

Comme la bordure de Polenta.

Nota : Toutes les garnitures indiquées pour les

bouchées, croustades, vol-au-vent sont applicables aux bordures. On peut donc varier à l'infini ces apprêts.

———

CROUSTADES GARNIES

[On les fait plus ou moins volumineuses selon qu'on les sert comme hors-d'œuvre ou comme entrée. Quel que soit l'appareil de base, la façon de les confectionner est identique.]

Form. 116. — **Confection des croustades.**

La composition étant prête, étalez-la en couche épaisse de 4 centimètres dans une plaque beurrée.

Laissez refroidir; détaillez au coupe-pâte rond uni (4 cent. de diamètre pour hors-d'œuvre; 6 pour entrées).

Panez à l'anglaise. Façonnez de forme bien régulière. A l'aide d'un coupe-pâte rond uni, d'un diamètre moindre que celui employé précédemment, appuyez sur le dessus des croustades de façon à marquer le couvercle.

Peu de minutes avant de servir, faites frire à grande friture.

Égouttez; retirez les couvercles et, par cette ouverture, évidez les croustades aux trois quarts.

Remplissez avec les appareils indiqués. Remettez les couvercles; faites chauffer au four. Dressez sur serviette. Garnissez de persil frit.

Nota : Lorsque les croustades sont servies comme entrées, on peut les accompagner d'une sauce en rapport avec la garniture employée.

FORM. 117. — **Croustades de Nouilles**.

Préparez des nouilles à l'Italienne. Avec cette composition refroidie, confectionnez les croustades ainsi qu'il est dit ci-dessus.

FORM. 118. — **Croustades de Polenta**.

Préparez une bouillie de farine de maïs au fromage (v. Form. 197). Avec cette composition refroidie, confectionnez les croustades ainsi qu'il est dit ci-dessus.

FORM. 119. — **Croustades de Pommes de terre Duchesse**.

Préparez de l'appareil à pommes de terre Duchesse (v. Form. 186). Confectionnez les croustades ainsi qu'il est dit ci-dessus.

FORM. 120. — **Croustades de Purées diverses**.

Liez avec des jaunes d'œufs (selon la méthode indiquée pour la purée de pommes de terre Duchesse (v. Form. 186) des purées de légumes ou de légumineuses bien desséchées (carottes, épinards, marrons ; haricots blancs, lentilles, pois cassés).

Confectionnez les croustades ainsi qu'il est dit ci-dessus.

FORM. 121. — **Croustades de Riz**.

Liez de 3 jaunes d'œufs 250 gr. de riz au blanc (v. Form. 204). Complétez avec 50 gr. de fromage râpé. Confectionnez les croustades ainsi qu'il est dit ci-dessus.

CROÛTES

Form. 122. — **Croûtes garnies (méthode générale).**

[Le plus souvent ces croûtes se font avec des pains ronds (dit Jockos), vidés à moitié, beurrés et séchés au four. On les fait également avec des croustades en pâte à foncer ordinaire, cuites à blanc (dans des cercles à flans). On garnit les croûtes d'articles divers, habituellement liés à la crème ou à la Béchamel.]

Form. 123. — **Croûte aux Artichauts.**

1º Videz à moitié un pain rond (ou, à défaut, taillez du gros pain rassis en forme de croustade évidée). Enduisez ce pain de beurre et faites-le légèrement colorer au four.

Au moment de servir, garnissez avec des fonds d'artichauts cuits à moitié, escalopés, étuvés au beurre et liés à la crème ou à la Béchamel.

Form. 124. — **Croûte aux Artichauts (autre méthode).**

1º Foncez un cercle à flan avec de la pâte à foncer ordinaire. Cuisez-le à blanc, c'est-à-dire sans être garni. (Pour effectuer ce mode de cuisson, il convient de garnir le flan, avant de le mettre au four, avec du riz cru, des lentilles ou toute autre graine, ce qui empêche la pâte de se boursoufler.) Démoulez la croustade.

Au dernier moment, garnissez-la avec des artichauts à la crème ou à la Béchamel.

Form. 125. — **Croûte aux Asperges.**

Préparez la croûte (en pain rond ou en pâte à foncer ordinaire) ainsi qu'il est dit pour la croûte aux artichauts.

Au dernier moment, garnissez-la de pointes d'asperges à la crème.

Se prépare aussi en croûte en pâte à foncer.

Form. 126. — **Croûte aux Aubergines.**

Procédez ainsi qu'il est dit pour la croûte aux artichauts en remplaçant ces derniers par des aubergines à la crème.

Form. 127. — **Croûte aux Carottes.**

Procédez ainsi qu'il est dit pour la croûte aux artichauts, en remplaçant ces derniers par des carottes à la crème.

Form. 128. — **Croûte aux Champignons.**

Comme la croûte aux artichauts. Garnissez avec champignons à la crème.

Nota : Cette croûte peut être garnie avec champignons de couche, cèpes, morilles ou tout autre champignon.

Form. 129. — **Croûte aux Épinards à la Florentine.**

Garnissez d'épinards à la Béchamel, additionnés de fromage râpé, une croûte en pâte à foncer, cuite à blanc. Saupoudrez de fromage. Faites gratiner au four très chaud.

Form. 130. — **Croûte aux Jets de houblon.**

Comme la croûte aux artichauts. Garnissez avec jets de houblon à la crème.

Form. 131. — **Croûte aux Laitues à la Mornay.**

Dressez en couronne, dans une croûte en pâte à foncer cuite à blanc, des moitiés de laitues étuvées au beurre. Nappez de sauce Mornay; saupoudrez de fromage. Faites gratiner.

Form. 132. — **Croûte à la Purée d'oignons dite à la Soubise.**

Garnissez de purée d'oignons à la Soubise une croûte en pâte à foncer cuite à blanc. Saupoudrez de fromage. Faites gratiner.

Form. 133. — **Gnokis au gratin.**

Préparez de la pâte à choux ordinaire pour laquelle vous remplacerez l'eau par du lait. Ajoutez-lui 65 gr. de Parmesan râpé.

Divisez la pâte en boules grosses comme une noix, que vous faites tomber, au fur et à mesure dans de l'eau bouillante salée. Pochez doucement.

Dès que les gnokis sont pochés, ce qui se reconnaît lorsqu'ils montent à la surface de l'eau, égouttez-les et placez-les sur un linge pour qu'ils s'épongent bien.

Mettez-les dans un plat à gratin dont vous aurez masqué le fond de sauce Mornay. Nappez-les de la même sauce. Saupoudrez de fromage râpé; arrosez de beurre fondu; faites gratiner.

Form. 134. — **Gnokis à la Romaine**.

Versez en pluie dans un 1/2 litre de lait bouillant 125 gr. de semoule. Assaisonnez de sel, poivre et muscade ; mélangez ; cuisez doucement 25 minutes.

En sortant du feu, liez la composition d'un jaune d'œuf. Étalez en couche épaisse d'un centimètre sur une plaque mouillée. Laissez refroidir.

Détaillez à l'emporte-pièce rond de 4 centimètres (ou en losanges). Rangez les gnokis dans un plat à gratin beurré. Saupoudrez de fromage râpé ; arrosez de beurre fondu ; faites gratiner.

Form. 135. — **Gnokis de Pommes de terre**.

Faites cuire à l'eau salée, le plus vivement possible, 500 gr. de pommes de terre. Égouttez et passez au tamis.

Mettez la purée dans une terrine ; travaillez-la en lui ajoutant, pendant qu'elle est brûlante, 25 gr. de beurre, 1 œuf entier et 1 jaune et 76 gr. de farine ; assaisonnez de sel, poivre et muscade.

Divisez en parties de la grosseur d'une noix. Roulez les gnokis dans la farine. Aplatissez-les légèrement et, avec une fourchette, quadrillez-les dessus. Pochez à l'eau bouillante salée.

Égouttez les gnokis ; finissez-les ainsi qu'il est dit pour les gnokis à la Romaine.

Form. 136. — **Gougère**.

Mettez dans une casserole 2 verres d'eau, 100 gr. de beurre et 10 gr. de sel. Faites bouillir.

Ajoutez 200 gr. de farine tamisée. Mélangez ; travaillez sur le feu avec une cuillère de bois, jusqu'à ce que la pâte, bien desséchée, se détache des parois de la casserole.

Ajoutez, hors du feu, 4 ou 5 œufs entiers, un à un et en travaillant toujours, puis 100 gr. de Gruyère coupé en dés minuscules. Assaisonnez de poivre et d'un peu de muscade.

Mettez cette pâte sur une tourtière beurrée en la disposant en couronne que vous formerez en plaçant l'une près de l'autre des cuillerées de pâte. Avec le dos de la cuillère, façonnez régulièrement la couronne. Dorez à l'œuf ; saupoudrez de Gruyère coupé en très petits dés. Cuisez à feu doux.

FORM. 137. — **Quiche à la Lorraine (recette d'André Theuriet).**

« Amincissez au rouleau de la pâte à pain jusqu'à ce qu'elle ait l'épaisseur d'une pièce de deux sous. Déposez délicatement cette pâte sur la tourtière de tôle aux bords tuyautés, saupoudrée préalablement de fleur de farine.

« Sur cette surface ronde, vous disposez en dernier lieu, des dés de beurre frais. Cette première opération achevée, vous battez dans un saladier, avec des jaunes d'œufs en nombre suffisant, une jatte de crème levée du matin.

« Lorsque ces éléments sont bien mélangés et convenablement salés, vous versez la composition sur la pâte.

« Portez ensuite votre galette au four flambant du boulanger et laissez-l'y cinq minutes, pas plus. »

FORM. 138. — **Quiche à la Lorraine (autre méthode).**

Avec de la pâte à foncer faites une abaisse mince ronde (de 35 centimètres de diamètre). Mettez cette abaisse sur une tourtière beurrée. Badigeonnez d'eau le bord de l'abaisse et rabattez-en le pourtour en forme d'ourlet, en appuyant bien pour que ce rebord puisse tenir.

Versez dans ce flan de pâte, au moment de mettre au four seulement, un appareil composé de 3 œufs entiers mélangés de 4 décilitres de crème fraîche et assaisonné de sel fin. Parsemez le dessus de la quiche de 30 gr. de beurre divisé en menus morceaux.

Faire cuire au four très chaud, de 20 à 25 minutes.

Nota : Il est d'usage, dans bien des localités de Lorraine, de compléter cet apprêt par des tranches minces de lard maigre, blanchies et revenues au beurre que l'on place au fond de la quiche, en les alternant parfois de lames minces de Gruyère.

SOUFFLÉS

[Tous les soufflés dont les recettes suivent peuvent aussi être servis comme hors-d'œuvre chauds. Dans ce cas on dressera la composition non dans une timbale à soufflé, mais dans des cassolettes en porcelaine à feu, en métal ou en papier gaufré.

La méthode de préparation des soufflés étant identique pour tous les articles, nous donnons seulement les principales compositions.

Il est recommandé expressément de servir les soufflés aussitôt cuits.]

Form. 139. — **Soufflé aux Aubergines**.

Hachez finement la chair des aubergines préalablement cuites à l'huile. Ajoutez cette chair à une quantité égale de Béchamel réduite. Assaisonnez de sel, poivre et muscade. Liez de 3 jaunes d'œufs (pour 4 décilitres de composition) et au dernier moment, ajoutez 4 blancs fouettés en neige ferme. Dressez en timbale beurrée. Lissez bien la surface ; cuisez à four doux de 18 à 20 minutes.

Nota : On peut compléter cet appareil avec du fromage râpé. On peut aussi dresser la composition dans des écorces d'aubergines.

Form. 140. — **Soufflé de Chicorée**.

Liez de 3 jaunes d'œufs 250 gr. de chicorée braisée, très serrée, passée au tamis. Ajoutez 3 blancs fouettés en neige. Dressez en timbale beurrée. Cuisez au four.

Nota : On peut ajouter du fromage râpé à la composition. On prépare de la même manière les soufflés d'endives et de laitue.

Form. 141. — **Soufflé d'Épinards**.

Procédez, avec des épinards hachés étuvés au beurre, ainsi qu'il est dit pour le soufflé de chicorée.

Nota : On peut additionner les épinards de Béchamel réduite. On peut aussi ajouter du fromage râpé à la composition.

Form. 142. — **Soufflé au Fromage de Parmesan**.

Délayez sans grumeaux 75 gr. de farine avec 2 décilitres de lait bouilli, refroidi. Assaisonnez de sel, poivre, muscade. Faites bouillir ; mélangez. Ajoutez, hors du feu, une cuillerée de beurre et 30 gr. de Parmesan râpé. Liez de 2 jaunes d'œufs, incorporez les 2 blancs au dernier moment. Dressez en timbale beurrée ; cuisez comme d'habitude.

Nota : On prépare de la même façon les soufflés au fromage de Chester, de Gruyère ou de Hollande.

FORM. 143. — **Soufflé de Maïs frais**.

Passez au tamis des grains de maïs frais ; ajoutez à cette purée un peu de crème fraîche (ou de Béchamel) de façon à obtenir une pâte un peu molle. Liez de 2 jaunes d'œufs (pour 300 gr. de composition). Assaisonnez ; ajoutez 2 blancs fouettés. Terminez comme il est dit ci-dessus.

FORM. 144. — **Soufflé de Marrons**.

Procédez, avec de la purée de marrons ainsi qu'il est dit pour le soufflé de pommes de terre (Voir Formule 147).

FORM. 145. — **Soufflé de Patates douces**.

Même méthode que pour le soufflé de pommes de terre (Voir Formule 147).

FORM. 146. — **Soufflé aux Piments**.

Préparez une composition comme pour le soufflé au fromage. Ajoutez-lui, avant de mettre les blancs fouettés, des piments doux épluchés, étuvés au beurre et coupés en petits morceaux. Faites cuire le soufflé selon la méthode habituelle.

FORM. 147. — **Soufflé de Pommes de terre**.

Liez de 3 jaunes d'œufs, 500 gr. de purée de pommes de terre très fine, additionnée d'un peu de beurre et de crème. Ajoutez les 3 blancs fouettés ; terminez comme d'habitude.

FORM. 148. — **Soufflé de Tomates**.

Mélangez 3 cuillerées de Béchamel réduite avec 3 décilitres de purée de tomates très serrée. Ajoutez 2 cuillerées de Parmesan râpé. Liez de 3 jaunes d'œufs ; assaisonnez ; incorporez les 3 blancs ; terminez comme d'habitude.

FORM. 149. — **Soufflé de Topinambours**.

Même méthode que pour le soufflé de pommes de terre (Voir Formule 147).

Nota : On peut préparer selon les indications données dans les recettes précédentes des soufflés d'*artichauts*, d'*asperges*, de *carottes*, de *céleri-rave*, de *champignons*, de *chou-fleur*, de *crosnes*, de *haricots verts*, de *pois frais*. Selon la nature plus ou moins féculeuse de ces différents articles, on leur ajoutera, pour les épaissir, de la Béchamel ou de la purée de pommes de terre.

FORM. 150. — **Subrics garnis**.

Préparez les subrics suivant les indications données au chapitre des hors-d'œuvre (v. Form. 100 et suivantes).

Dressez-les en couronne. Garnissez le milieu du plat avec un légume quelconque préalablement lié au beurre ou à la crème.

Form. 151. — **Timbales garnies**.

Foncez de pâte à foncer un moule à timbale. Faites cuire cette croûte à blanc, c'est-à-dire sans la garniture.

Garnissez-la suivant indication. Servez brûlant.

Nota : Les garnitures maigres les plus usitées pour les timbales sont les suivantes : *champignons* (à la crème) ; *Languedocienne* (aubergines en dés sautés à l'huile ; cèpes sautés à l'huile ; fondue de tomates) ; *Macédoine de légumes ; macaroni* (à la crème, à l'Italienne, à la Napolitaine, à la Milanaise) ; *nouilles fraîches* ; Mirepoix de racines (liée à la Béchamel ou à la demi-glace maigre) ; Romaine (gnokis de semoule, épinards étuvés au beurre) et, en général, toutes les garnitures indiquées pour les bordures, les croustades et les croûtes.

Form. 152. — **Vol-au-vent**.

On garnit les croûtes à vol-au-vent avec toutes les garnitures indiquées pour les timbales.

On peut également les garnir avec les appareils divers indiqués au chapitre des Recettes complémentaires (v. Form. 276 et suivantes).

Remarque : *Dans toutes les recettes où il est indiqué d'employer de la farine de blé, on peut, à défaut de cette farine, employer de la farine de maïs, d'orge ou de riz.*

CHAPITRE IV

LÉGUMES, CÉRÉALES

FARINAGES

[Il n'est mentionné, dans ce chapitre, que les seuls apprêts peu connus ou rarement exécutés en ménage.]

Form. 153. — **Fonds d'Artichauts étuvés (avec sauces diverses).**

Pour faire les fonds : Parez les artichauts de façon à ne conserver que les fonds ; retirez le foin de ces derniers. Blanchissez-les dix minutes dans de l'eau salée, légèrement acidulée. Égouttez-les ; escalopez-les en deux ou trois morceaux, ou selon l'apprêt final, conservez-les entiers.

Nota : Ainsi préparés les fonds d'artichauts peuvent être accommodés des façons suivantes : *au beurre*, étuvez-les doucement au beurre ; dressez en timbale, arrosez avec le beurre de cuisson. — *A la crème :* étuvez-les au beurre ; couvrez de crème bouillante ; faites réduire. — *Aux fines herbes :* étuvez-les au beurre ; arrosez de sauce fines-herbes.

— *A l'Italienne :* comme aux fines-herbes, avec sauce Italienne. — *A l'Indienne : id.* avec sauce Indienne. — *Mornay :* entiers, étuvés au beurre, dressés dans plat à gratin ; nappés de sauce Mornay ; saupoudrés de fromage, gratinés.

Les artichauts peuvent également être préparés : en *beignets*, en *croquettes*, en *croustades*, en *croûtes*, en *subrics*.

Form. 154. — **Asperges au gratin.**

(Voir ci-dessous Asperges Mornay).

Form. 155. — **Asperges à la Milanaise.**

Rangez sur un plat beurré allant au feu les asperges cuites à l'eau. Disposez-les par couches ; saupoudrez les pointes de Parmesan. Arrosez de beurre noisette ; faites glacer au four.

Form. 156. — **Asperges Mornay**.

Dressez les asperges sur un plat beurré comme il est dit ci-dessus ; nappez les pointes de sauce Mornay (v. Form. 258). Saupoudrez de fromage râpé. Gratinez au four.

Form. 157. — **Asperges à la Polonaise**.

Dressez les asperges comme ci-dessus. Saupoudrez les pointes, de jaunes d'œufs durs et de persil, hachés, mélangés. Chauffez au four. Au dernier moment, nappez avec du beurre noisette dans lequel vous aurez fait blondir de la mie de pain fraîche.

Nota : On peut aussi préparer les asperges en bordures : en *beignets ;* en *croquettes ;* en *croûtes* et *croustades ;* en *subrics* (voir ces mots).

Form. 158. — **Aubergines au beurre**.

Coupez les aubergines pelées en tranches rondes, épaisses d'un demi-centimètre ; dégorgez-les au sel pendant une heure. Épongez-les. Mettez-les à cuire au beurre, dans un sautoir, à couvert. Dressez en légumier; arrosez avec le beurre de cuisson.

Form. 159. — **Aubergines soufflées**.

(Voir soufflé aux aubergines. Formule 139).

Form. 160. — **Aubergines à la Turque**.

Faites frire à l'huile des aubergines pelées, coupées en tranches un peu épaisses dans la longueur, assaisonnées, farinées.

Réunissez ces tranches deux à deux, en les soudant avec une pâte faite de fromage râpé et de jaunes d'œufs crus.

Au moment de servir, trempez les aubergines dans de la pâte à frire et faites-les frire à l'huile fumante. Égouttez; dressez sur serviette avec persil frit.

Nota : La plupart des préparations indiquées à la suite des fonds d'artichauts sont également applicables aux aubergines. Nous citons aussi pour mémoire les *aubergines frites, au gratin* et *à la Provençale*.

Form. 161. — **Carottes glacées**.

Épluchez des petites carottes rondes, ou si vous opérez avec de grosses carottes longues, divisez-les en quartiers que vous façonnerez en forme de gousses d'ail (les parures seront utilisées d'autre part, soit pour garnir un fonds, soit pour préparer une purée).

Mettez ces carottes, *sans les blanchir*, dans une casserole. Couvrez d'eau froide; ajoutez (pour

500 gr. de carottes) 60 gr. de beurre, une pincée de sel et un peu de sucre.

Faites bouillir. Couvrez et cuisez jusqu'à réduction complète du mouillement. A ce point, les carottes, si elles sont tendres, doivent être cuites. Si elles manquaient de cuisson, remouillez d'un peu d'eau chaude et achevez de cuire.

Nota : Ainsi préparées, les carottes s'emploient comme garniture ou peuvent être servies comme légume.

Après avoir été traitées par ce mode de cuisson, elles peuvent être accommodées comme suit : *au blanc ou à la Béchamel :* finies avec quelques cuillerées de Béchamel à la crème ; *à la crème :* couvertes de crème bouillante que l'on laisse réduire ; *aux fines herbes :* complétées avec persil haché ; *au gratin :* dressées dans plat allant au feu ; nappées de sauce Mornay ; gratinées ; *à la poulette :* à la crème, liée aux jaunes d'œufs. On peut enfin préparer les carottes en *beignets, croquettes, croustades, croûtes, fritot, soufflés, subrics* (voir ces mots), *à la Vichy.*

Form. 162. — **Céleri-rave à l'étuvée.**

Divisez en quartiers un pied de céleri-rave préalablement pelé. Parez correctement ces quartiers (les parures peuvent être utilisées pour préparer une purée). Étuvez-les au beurre. Terminez ainsi qu'il est dit pour les fonds d'artichauts au beurre (v. Form. 153).

Nota : Ainsi cuit, le céleri-rave peut être accommodé d'une infinité de manières. Nous indiquerons entre autres : *au blanc* ou à *la Béchamel ;* à *la crème ;* à *la demi-glace ; aux fines herbes ;* à *l'Italienne ; Mornay.* On peut aussi le préparer : en *beignets, croquettes, cromesquis, croustades, croûtes, fritot, soufflés, subrics*. (On trouvera les indications pour tous ces apprêts au chapitre des hors-d'œuvre ou à celui des petites et grandes entrées).

FORM. 163. — **Champignons à la crème.**

Tournez des champignons de couche, c'est-à-dire pelez-les le plus correctement possible. Suivant leur grosseur, coupez-les en 2 ou 3 morceaux, ou laissez-les entiers. Étuvez-les au beurre ; assaisonnez de sel, de poivre et d'un peu de muscade. Couvrez de crème bouillante. Faites bouillir jusqu'à ce que le mouillement soit bien réduit. Dressez en légumier.

Nota : Les champignons de couche peuvent être préparés en : *beignets, croquettes, cromesquis, croûtes, croustades, subrics*. (Voir ces mots aux chapitres des hors-d'œuvre et des petites et grandes entrées.)

FORM. 164. — **Concombres à la crème.**

Coupez les concombres en tronçons ; divisez ces tronçons en quartiers ; parez ces quartiers ; étuvez-les au beurre.

Lorsqu'ils sont cuits (et que leur eau de végétation est bien réduite), mouillez-les de quelques cuillerées de sauce crème (v. Form. 245). Faites mijoter quelques instants. Dressez en légumier.

On peut aussi, au lieu de sauce crème, mouiller les concombres, une fois bien étuvés, avec de la crème fraîche bouillie.

Nota : Après avoir été étuvés au beurre, on peut accommoder diversement les concombres. Parmi les apprêts qui leur conviennent le mieux. nous indiquerons les suivants : *farcis, au jus. au gratin :* saupoudrés de Parmesan et gratinés, *Mor-*

nay : nappés de sauce Mornay et gratinés ; à la *Polonaise :* comme les asperges. On peut enfin préparer ce légume : en beignets, croquettes, soufflés, subries (voir ces mots).

Form. 165. — **Chayotte ou Bryonne.**

Cet excellent légume, de la famille des Cucurbitacées, est peu connu encore. Sa saison va de la fin octobre à la fin janvier. On lui applique toutes les préparations indiquées pour les fonds d'artichauts ou pour le céleri-rave.

Form. 166. — **Chicorée.**

Après avoir été braisée la chicorée peut être accommodée : à la crème ou au jus (jus maigre). On peut aussi la préparer en *bordure, en pain*. Procéder pour la préparation de la chicorée ainsi qu'il est dit à la Form. 109, mais moulée en moule à charlotte, *en soufflés, en subrics* (voir ces mots).

Form. 167. — **Endives.**

Ce légume doit être étuvé — non blanchi — avec du beurre, quelques cuillerées d'eau, du jus de citron et du sel. Une fois cuit, on l'accommode : *à la crème, au gratin, au jus, Mornay, en subrics.*

Form. 168. — **Épinards à la Béchamel.**

Étuvez au beurre des épinards, blanchis, égouttés, rafraîchis, pressés, passés au tamis ou hachés (ou en feuilles selon le goût), assaisonnez de sel, poivre et muscade ; séchez bien. Lissez de Béchamel (v. F. 230). Beurrez ; dressez en légumier.

FORM. 169. — **Épinards à la crème.**

Comme ci-dessus en remplaçant la Béchamel par de la crème fraîche bouillante.

FORM. 170. — **Épinards au gratin.**

Dressez dans un plat allant au feu des épinards étuvés au beurre, additionnés de fromage râpé. Saupoudrez de fromage ; arrosez de beurre fondu. Gratinez au four.

Nota : Après avoir été étuvés au beurre, les épinards peuvent encore être préparés des façons suivantes : en *beignets, croquettes, croûtes, soufflés, subrics* (voir ces mots).

FORM. 171. — **Fenouil tubéreux (Fenucchi).**

Ce légume, de la famille des Ombellifères, n'est guère employé que dans le sud-est de la France. On le prépare de la même manière que le céleri en branches.

FORM. 172. — **Fèves fraîches.**

Ce légume très délicat se prépare comme les petits pois frais. Habituellement, lorsqu'on les fait cuire à l'eau bouillante, on aromatise les fèves avec de la sarriette.

FORM. 173. — **Gombos ou Gombaut ou Ketmie.**

Cette plante, de la famille des Malvacées, peu

connue encore en France, est très employée en Amérique et en Orient. On fait blanchir les Gombos à l'eau salée, puis, après les avoir égouttés et épongés, on les prépare : *à la crème, au jus, à la Provençale.* On peut aussi les apprêter en : *beignets, croquettes, soufflés, subrics* (voir ces mots).

FORM. 174. — **Jets de houblon.**

Faites cuire les jets de houblon à l'eau salée comme les pointes d'asperges. Égouttez-les, passez-les quelques instants sur le feu pour les évaporer puis, accommodez-les comme les pointes d'asperges vertes. Les apprêts convenant le mieux à ce légume très délicat sont les suivants : *au beurre, en beignets, à la crème, en fritot, en soufflés, en subrics.* Ce légume est aussi très employé pour garnir les œufs diversement préparés.

FORM. 175. — **Laitues braisées.**

Parez 6 laitues. Lavez-les. Blanchissez-les 5 minutes. Rafraîchissez-les, pressez-les; attachez-les par 2 ou 3.

Mettez-les dans une casserole beurrée. Assaisonnez. Mouillez de 4 cuillerées de fonds blanc aromatique (v. Form. 218), braisez doucement.

Égouttez les laitues. Déficelez-les; partagez-les chacune en deux dans la longueur. Rangez-les dans un sautoir beurré. Mouillez avec la cuisson réduite et passée. Laissez mijoter.

Dressez en légumier en alternant avec des croûtons de pain en cœur dorés au beurre. Nappez avec le fonds de cuisson réduit.

Nota : Une fois braisées les laitues peuvent être préparées : *à la crème, au gratin, au jus, Mornay, en soufflés, en subrics.*

Form. 176. — **Marrons étuvés.**

(Pour les éplucher : fendez-les peu profondément sur le côté bombé ; mettez-les dans une plaque avec un peu d'eau et passez-les au four bien chaud pendant 8 minutes environ. Épluchez-les pendant qu'ils sont encore brûlants.)

Mettez dans une casserole plate beurrée 500 gr. de marrons épluchés. Mouillez-les de fonds blanc aromatique, juste assez pour les couvrir. Assaisonnez. Ajoutez une branche de céleri et une pincée de sucre. Faites cuire doucement.

Dressez en légumier ; arrosez avec le fonds de cuisson beurré.

Form. 177. — **Purée de marrons.**

Faites cuire les marrons ainsi qu'il est dit ci-dessus. Égouttez-les ; passez-les au tamis fin. Remettez la purée dans la casserole. Ajoutez, si c'est nécessaire, tout ou partie de la cuisson. Faites chauffer ; au dernier moment, complétez avec du beurre frais.

Nota : Les marrons étuvés sont servis comme légume ou comme garniture. Avec la purée de marrons on peut préparer des *croquettes* ou des *soufflés*.

Form. 178. — **Maïs frais au beurre.**

Faites cuire les épis de maïs à l'eau salée, ou à la vapeur, sans retirer les feuilles qui les enveloppent.

Égouttez-les. Repliez les feuilles de façon à dégager les épis ; dressez-les sur une serviette. Servez avec du beurre frais à part.

Nota : On peut aussi détacher les grains des épis

de maïs et les accommoder comme les petits pois : *au beurre*, à *la crème*, à *la menthe*. C'est ainsi qu'on doit les préparer lorsqu'ils sont servis comme garniture.

FORM. 179. — **Maïs frais grillé.**

Mettez les épis de maïs à cuire au four, placés sur une grille. Lorsque les grains sont bien renflés et dorés, dressez, sur serviette, les épis entiers ou, simplement, les grains détachés. Accompagnez de beurre frais.

FORM. 180. — **Soufflé de maïs frais.**

(Voir Formule 143).

FORM. 181. — **Oignons.**

Les gros oignons sont employés surtout comme condiment. Les petits, une fois glacés, sont utilisés comme garnitures. On farcit les gros oignons d'Espagne. On prépare enfin, avec les gros oignons blancs, une purée très délicate dite *Soubise* dont voici la recette :

FORM. 182. — **Purée d'Oignons (dite Soubise).**

Blanchissez fortement 500 gr. d'oignons émincés. En fin d'ébullition, ajoutez 125 gr. de riz. Egouttez. Mettez le tout dans une casserole grassement beurrée. Mouillez de 6 décilitres de bouillon de légumes. Assaisonnez de sel, poivre et d'un peu de sucre ; faites bouillir. Cuisez au four. Broyez le mélange et passez-le au tamis fin. Faites chauffer et finissez avec 5 cuillerées de crème et 60 à 80 gr. de beurre.

FORM. 183. — **Patates.**

(Se préparent comme les pommes de terre.)

POMMES DE TERRE

[Parmi les très nombreuses manières de préparer les pommes de terre, nous n'indiquerons ici que les recettes suivantes rarement exécutées en ménage.]

FORM. 184. — **Croquettes de Pommes de terre.**

Desséchez bien, en la remuant sur le feu, 500 gr. de purée de pommes de terre. Ajoutez 50 gr. de beurre ; assaisonnez de sel, poivre, muscade et liez, hors du feu, avec 1 œuf et 2 jaunes.

Faites les croquettes ainsi qu'il est dit à la Form. 84.

Nota : L'appareil indiqué ci-dessus est désigné sous le nom de *pommes de terre Duchesse.*

On sert souvent ces croquettes sous le nom de *croquettes Duchesse.*

FORM. 185. — **Croquettes de Pommes de terre à la Dauphine.**

Ajoutez à 500 gr. d'appareil à pommes de terre Duchesse 150 gr. de pâte à choux ordinaire sans sucre. Préparez les croquettes comme d'habitude.

FORM. 186. — **Pommes de terre à la Duchesse.**

Préparez la purée ainsi qu'il est dit pour les pommes de terre croquettes. Façonnez de formes diverses (galettes, palets, petits pains, etc.). Rangez sur plaque beurrée. Dorez. Faites colorer au four.

FORM. 187. — **Gnokis de Pommes de terre**.

(Voir Formule 135.)

FORM. 188. — **Quenelles de Pommes de terre**.

Ajoutez à 500 gr. de pommes de terre Duchesse, 75 gr. de farine et 2 petits œufs. Mélangez. Divisez en petites parties en forme de palets ou de bouchons, ou moulez à la cuiller. Rangez au fur et à mesure dans un sautoir beurré. Mouillez d'eau bouillante salée. Pochez. Égouttez les quenelles; dressez-les dans un légumier; arrosez-les de beurre noisette.

Nota : On peut aussi saupoudrer les quenelles de fromage et les gratiner.

FORM. 189. — **Soufflé de Pommes de terre**.

(Voir Formule 147.)

FORM. 190. — **Salsifis**.

Une fois cuits dans un « blanc » et bien égouttés les salsifis peuvent être préparés : *au beurre, à la crème, en croquettes, en fritot, au gratin, en subrics.*

Nota : On trouvera au chapitre des Recettes complémentaires (p. 90) diverses autres recettes pour accommoder les légumes.

———

CÉRÉALES

AVOINE

(Composition : albumine 10; graisse 5 1/2; hydrates de carbone 58; sels 3; cellulose 1; eau 12 1/2 p. 100.)

Form. 191. — Gruau d'Avoine au beurre.

Mettez 250 gr. de gruau d'avoine dans de l'eau bouillante. Cuisez doucement. Dès qu'il est gonflé, ajoutez 3 cuillerées de beurre.

Nota : En cuisine végétarienne, on ajoute au gruau du beurre noisette.

Form. 192. — Bouillie de Gruau d'avoine au lait.

Préparez le gruau comme ci-dessus. Lorsqu'il est gonflé et forme une bouillie épaisse éclaircissez-le de quelques cuillerées de lait fraîchement bouilli.

Form. 193. — Croquettes de Gruau d'avoine.

(Voir Formule 87.)

BLÉ

(Composition : albumine, 1,8; matières grasses 1,2 matières azotées insolubles [gluten] 12,8; Dextrine et glucose, 7,2; amidon 59,7; cellulose 1,7; sels 1,6; eau 14 p. 100.)

(Toutes les préparations indiquées pour le gruau d'avoine, sont applicables au gruau de blé.)

MAÏS

(Composition : albumine 8 1/2; graisse 5 1/4; hydrates de carbone 72 1/2; sels 1/4; cellulose 5 1/2; eau 6 p. 100.)

Le maïs est peu employé en France. Sous forme de gruau ou de farine, il peut cependant fournir des plats nutritifs et savoureux.

FORM. 194. — **Bouillie de Maïs au beurre (recette végétarienne).**

Versez dans 1 litre d'eau bouillante salée (et facultativement additionnée d'un petit oignon haché) 250 de farine de maïs. Mélangez; cuisez 25 minutes. Au dernier moment, ajoutez 60 gr. de beurre divisé en menus morceaux.

FORM. 195. — **Bouillie de Maïs Hominy (recette de cuisine végétarienne).**

(Le Hominy est un maïs importé de l'Amérique du Sud. Il se présente sous forme de gros grains blancs.)

Faites tremper 1/2 litre de Hominy dans 1 litre 3/4 d'eau bouillante. Laissez gonfler dans cette eau (dans un vase de fer-blanc hermétiquement fermé) durant toute une nuit.

Le lendemain matin éclaircissez d'un quart de litre de lait; salez légèrement et cuisez, au bain-marie, 30 minutes.

Form. 196. — **Boulettes de Maïs Hominy**.

Préparez la bouillie ainsi qu'il est dit ci-dessus. Liez d'un ou deux œufs. Assaisonnez. Divisez en petites boulettes, que vous roulerez dans la farine. Faites frire au dernier moment.

Form. 197. — **Polenta (ou bouillie) de farine de Maïs**.

Versez en pluie, dans un litre d'eau bouillante, additionnée de 15 gr. de sel, 250 gr. de farine de maïs. Mélangez bien sur le feu. Cuisez 25 minutes, en remuant souvent.

Ajoutez à la bouillie, dès qu'elle est cuite, 50 gr. de beurre et 75 gr. de Parmesan râpé.

Nota : Ainsi préparée, la Polenta, peut être servie telle quelle, comme légume ou comme garniture.

On peut aussi, après l'avoir fait refroidir (étalée en couche uniforme dans une plaque mouillée) la détailler en ronds ou en losanges. Peu de temps avant de servir, on fera colorer au beurre.

Une fois bien dorés ces morceaux de Polenta sont dressés dans un plat creux, saupoudrés de fromage et arrosés de beurre noisette.

Form. 198. — **Bordure et croustades de Polenta**.

(Voir au chapitre des Entrées.)

Form. 199. — **Croquettes de Polenta**.

(Voir Formule 90.)

ORGE

(Composition : albumine 7 1/4 ; graisse 1 ; hydrates de carbone 76 ; sels 1/4 ; cellulose 1 1/4 ; eau 13 1/4 p. 100.)

Form. 200. — **Orge au beurre.**

Mettez dans une casserole et couvrez abondamment d'eau froide 250 gr. d'orge mondé trié et lavé. Assaisonnez d'un peu de sel. Ajoutez 1 carotte, 1 oignon et un bouquet garni. Faites bouillir ; écumez. Cuisez à petite ébullition pendant 3 heures.

Égouttez l'orge (la cuisson peut être utilisée pour préparer un potage). Retirez les légumes et le bouquet. Liez de quelques cuillerées de beurre.

Nota : En cuisine végétarienne on finit l'orge avec du beurre noisette.

Form. 201. — **Orge au gratin.**

Préparez l'orge ainsi qu'il est dit ci-dessus. Une fois égoutté, liez-le avec du beurre frais et du fromage rapé. Mettez-le dans un plat à gratin. Soupoudrez de fromage ; arrosez de beurre fondu ; gratinez.

Form. 202. — **Croquettes d'Orge.**

(Voir Formule 89.)

Form. 203. — **Petites galettes d'Orge rissolées.**

Faites cuire au lait (ou à l'eau) 250 gr. d'orge mondé. Lorsqu'il est cuit, égouttez-le ; ajoutez-lui

2 cuillerées de beurre et mettez-le, bien étalé, dans une plaque mouillée d'eau froide.

Une fois bien refroidi, renversez la plaque sur la table farinée pour démouler l'abaisse d'orge. Découpez cette abaisse en morceaux rectangulaires que vous panerez à l'œuf et à la chapelure. Faites dorer au beurre, des deux côtés.

Nota : On peut ajouter du fromage râpé à la composition.

RIZ

(Composition : albumine 7 3/4; graisse 3/4; hydrates de carbone 76 1/2; sels 1 1/2; cellulose 1/2; eau 13 p. 100.)

[A tort, pensons-nous, le riz est peu apprécié chez nous. Souhaitons que la guerre ait démontré l'utilité alimentaire de cette céréale qui, on le sait, constitue la nourriture principale de plusieurs centaines de millions d'hommes.

Les maîtres du régime végétarien conseillent, pour rendre l'amidon du riz plus soluble, et par conséquent plus digestible, de le convertir en dextrine, ce qui s'obtient en portant les grains de riz à 210 degrés en les faisant rissoler au beurre jusqu'à ce qu'ils soient devenus un peu roux. Le riz ainsi traité peut être ensuite diversement accommodé. On peut d'ailleurs obtenir le même résultat en faisant simplement griller le riz à sec.]

Form. 204. — **Riz au beurre (dit aussi Riz au blanc).**

Mettez dans une casserole 250 gr. de riz Caroline lavé. Couvrez d'eau froide, en quantité suffisante pour qu'il soit bien recouvert; assaisonnez d'un peu de sel. Faites blanchir 15 minutes à vive ébullition.

Égouttez le riz; remettez-le dans la casserole, avec 60 à 80 gr. de beurre divisé en petits morceaux. Mélangez avec une fourchette. Étuvez au four, à chaleur douce pendant 15 minutes.

FORM. 205. — **Riz à la Créole (cuisine végétarienne)**.

Mettez dans une casserole 250 gr. de riz lavé avec 125 gr. de beurre, 3 oignons moyens, et 2 décilitres de purée de tomates. Mouillez d'eau froide en quantité suffisante pour que le mouillement monte à deux doigts au-dessus du riz. Assaisonnez. Faites bouillir vivement, 15 minutes, la casserole couverte. Achevez de cuire au four, sans remuer, et la casserole découverte, pendant 25 minutes.

FORM. 206. — **Riz à l'Indienne**.

Blanchissez à l'eau salée 250 gr. de riz Patna, pendant 15 minutes, en le remuant souvent. Égouttez-le; lavez-le plusieurs fois à l'eau froide. Mettez-le sur un tamis (ou sur une plaque) enveloppé dans une serviette. Faites sécher à l'étuve, ou au four très doux, pendant 15 minutes.

Nota : Ce riz sert d'accompagnement à tous les plats préparés au currie.

FORM. 207. — **Riz Pilaff (dit Pilaw)**.

Faites fondre dans 50 gr. de beurre, sans le laisser colorer 50 gr. d'oignon haché. Mettez dans la casserole 250 gr. de riz (Caroline ou Patna) bien sec. Assaisonnez, remuez sur le feu jusqu'à ce que le riz soit bien imprégné de beurre. Mouillez d'un litre de fonds blanc. Faites cuire au four, à couvert, de 18 à 20 minutes. Avant de servir, ajoutez 50 gr. de beurre divisé en menus morceaux. Dressez en légumier.

Form. 208. — **Riz Pilaff au safran et aux tomates (dit Pilaw à la Turque).**

Préparez le riz comme il est dit ci-dessus, en lui ajoutant, lors du mouillement, une forte pincée de safran en poudre. Au dernier moment complétez-le avec 4 ou 6 cuillerées de fondue de tomates.

Form. 209. — **Rizotto au Parmesan.**

Mettez 250 gr. de riz du Piémont dans une casserole où vous aurez fait fondre au beurre 50 gr. d'oignon haché. Lorsque le riz est imprégné de beurre, mouillez-le, au double de sa hauteur, avec du fonds blanc (mouillement que vous ferez en plusieurs fois) et assaisonnez. Faites cuire à couvert pendant 20 minutes. Au dernier moment, ajoutez 2 cuillerées de beurre divisé en menus morceaux et 30 gr. de Parmesan rapé. Dressez en légumier.

Form. 210. — **Rizotto à la Piémontaise.**

Comme ci-dessus avec une pointe de safran mise au moment du mouillement.

Form. 211. — **Bordures et croustades de riz.**

Voir au chapitre des Entrées, p. 32 et 34.

Form. 212. — **Croquettes de riz**.
(Voir Formule 91).

Form. 213. — **Subrics de riz**.
(Voir Formule 103).

SARRASIN (OU BLE NOIR)

(Composition : albumine 10 1/2 ; graisse 2 3/4 ; hydrates de carbone 55 3/4 ; cellulose r6 1/2 ; eau 11 3/4 p. 100.)

Form. 214. — **Gruau de Sarrasin rôti (Cuisine russe)**.

Mettez dans une terrine 500 gr. de gruau de sarrasin concassé. Détrempez avec de l'eau tiède, en quantité suffisante pour obtenir une pâte un peu ferme. Assaisonnez de sel et de poivre et mettez dans un moule à charlotte.

Cuisez au four à bonne chaleur, pendant 2 heures.

En sortant le gruau du four, enlevez la croûte qui s'est formée au-dessus. Retirez du moule le restant du mélange.

Mettez cette pâte dans une terrine ; ajoutez-lui un peu de beurre et mélangez. Étalez en couche d'un centimètre, dans une plaque et mettez sous presse.

Détaillez, une fois froid, au coupe-pâte rond uni. Faites colorer les galettes de gruau au beurre clarifié.

Nota : Ces galettes de gruau sont habituellement

servies en même temps que le potage Stschi. On peut les servir également comme hors-d'œuvre.

FORM. 215. — **Kache de Sarrasin au Parmesan (Cuisine russe).**

(Kacke greschnevoë s'parmesane).

Préparez du gruau de sarrasin rôti. Mettez la partie molle de ce gruau dans un plat à gratin beurré et saupoudré de Parmesan. Disposez ce gruau par couches successives en parsemant chaque couche de Parmesan et de menus morceaux de beurre. Lissez bien la surface. Saupoudrez de Parmesan, arrosez de beurre fondu. Gratinez au four. Servez, en même temps que le kache, une saucière de beurre fondu.

FORM. 216. — **Quenelles de Gruau de sarrasin.**

Faites cuire avec du fonds blanc 250 gr. de gruau de blé noir de façon à obtenir une bouillie consistante.

Dès que ce gruau est cuit, changez-le de casserole (cela afin de ne pas mélanger à la masse les parties croûtées collées sur les parois de la casserole). Laissez tiédir; ajoutez 3 jaunes et un œuf entier. Assaisonnez de sel, poivre et muscade; mélangez.

Prenez cette composition avec une cuillère à potage ou à entremets, selon que vous voulez faire les quenelles plus ou moins grosses. Enlevez la composition remplissant cette cuillère à l'aide d'une autre cuillère trempée dans l'eau. Couchez au fur et à mesure les quenelles ainsi moulées dans un sautoir beurré en ayant soin de les espacer un peu. Mouillez de fonds blanc bouillant, ou d'eau salée. Faites pocher doucement.

Égouttez les quenelles dès qu'elles sont bien fermes, et employez-les selon indication.

FORM. 217. — **Farinages.**

On désigne sous ce terme générique certains apprêts à base de farine tels que les gnokis et, en général, toutes les pâtes alimentaires : cannelonis, lasagnes, macaronis, nouilles, nouillettes, raviolis.

La préparation de tous ces articles est trop connue pour que nous en répétions les recettes. Ces diverses pâtes étant additionnées de beurre et de fromage (Parmesan et Gruyère mélangés par moitié) sont extrêmement nutritives.

On prépare les macaronis : à l'*italienne ;* pochés, liés avec beurre et fromage râpé ; au *gratin* comme ci-dessus et gratinés ; au jus, comme italienne mais additionnés de jus réduit ; à la *milanaise,* liés à l'italienne avec addition de sauce tomate et de champignons et truffes en julienne.

Les nouilles fraîches ou sèches (nouillettes) se préparent *au beurre ; au beurre noisette ; à la crème ; à l'alsacienne* et aussi comme les macaronis.

CHAPITRE V

FONDS ET SAUCES SANS VIANDE

[Certains apprêts indiqués dans cet ouvrage comportant des sauces d'accompagnement, nous avons réuni dans ce chapitre tous les renseignements nécessaires pour leur préparation.

Même apprêtées sans viandes, ces sauces peuvent être très sapides et leur variété est assez grande, ainsi qu'on en jugera en lisant les formules qui suivent.]

FONDS DE MOUILLEMENT

FORM. 218. — **Fonds blanc (pour 2 litres 1/2).**

Mettez dans une marmite : 300 gr. de carottes ; 125 gr. d'oignons ; 150 gr. de poireaux (ficelés en botte) ; 60 gr. de céleri ; un bouquet garni composé de queues et racines de persil, d'un brin de thym, d'une demi-feuille de laurier.

Mouillez de 3 litres d'eau ; assaisonnez de 15 gr. de sel et d'un clou de girofle (facultativement et seulement, lorsque ce fond n'est pas destiné à mouiller des sauces trop délicates, ajoutez une petite gousse d'ail).

Faites partir; écumez; laissez cuire à petite ébullition régulière pendant 2 heures. Passez.

FORM. 219. — **Fonds brun (pour 2 litres 1/2).**

Faites bien chauffer dans la marmite 30 gr. de beurre (ou de graisse végétale). Faites revenir dans ce beurre, jusqu'à ce qu'ils deviennent blonds, les légumes suivants coupés en tranches épaisses : 300 gr. de carottes; 125 gr. d'oignons; 150 gr. de poireaux; 60 gr. de céleri.

Saupoudrez ces légumes d'une cuillerée de sucre, ce qui facilitera leur glaçage.

Lorsqu'ils sont bien rissolés, mouillez-les de 3 litres d'eau chaude. Assaisonnez de 15 gr. de sel et d'un clou de girofle; ajoutez un bouquet garni (et de l'ail, selon le goût).

Faites cuire; terminez ainsi qu'il est dit pour le fonds blanc.

Nota : Les fonds blancs et bruns seront plus sapides, si on leur ajoute quelques gouttes de Soja indien.

(Les légumes employés pour préparer ces fonds peuvent être utilisés sous forme de purée ou autrement.)

FORM. 220. — **Bouillons de légumes secs.**

Ces bouillons, même si les légumes (haricots, lentilles, pois jaunes, pois cassés, pois chiches) sont cuits au maigre, sont très savoureux, très chargés en hydrate de carbone, et conviennent très bien pour mouiller les sauces.

Form. 221. — **Eau de cuisson des légumes frais**.

On peut aussi utiliser, pour le mouillement des sauces, l'eau de cuisson des légumes frais (ceux du moins dont le goût n'est pas trop spécial).

Cette eau est très chargée en minéraux et sa saveur est assez agréable.

Form. 222. — **Eau de cuisson des pâtes alimentaires.**

On peut utiliser, pour le même usage, l'eau de cuisson des macaronis, nouilles et autres pâtes alimentaires.

LES ROUX

[L'élément de liaison des sauces blanches et brunes est le roux qui se prépare avec du beurre et de la farine. En cuisine normale, on peut remplacer le beurre par de la bonne graisse de pot-au-feu clarifiée, et en « cuisine sans viande » par de la graisse végétale (graisse de noix de coco.]

Form. 223. — **Roux blanc (pour Béchamel et Velouté)**.

Faites chauffer sans le laisser colorer, dans une casserole, 125 gr. de beurre (ou de graisse végétale) ajoutez 150 gr. de farine. Mélangez sans grumeaux. Faites cuire sur feu doux, pendant 8 à 10 minutes, en remuant souvent, et en évitant de laisser prendre couleur.

Form. 224. — **Roux blond (pour sauces blondes diverses).**

Procédez comme pour le roux blanc, mais en laissant cuire le roux plus longtemps de façon qu'il devienne légèrement blond.

Form. 225. — **Roux brun (pour sauce espagnole, demi-glace et autres sauces brunes).**

Mêmes proportions de beurre et de farine. Cuisez le roux très lentement, à chaleur modérée, au four de préférence, et en le remuant souvent jusqu'à ce qu'il soit devenu un peu brun.

Nota : Les roux blanc et blond se préparent habituellement au moment de les employer. Le roux brun peut être préparé d'avance. C'est une ressource précieuse que d'en avoir toujours prêt d'avance. Il se conserve très longtemps.

Remarque : *A défaut de farine de blé, on peut employer pour faire les roux la farine de maïs, d'orge ou de riz.*

GRANDES SAUCES DE BASE

Form. 226. — **Sauce Espagnole (pour 1 litre 1/4).**

1º Mettez dans une casserole 160 gr. de roux brun. Faites chauffer ce roux ; mouillez-le de 2 litres de fonds brun. Mélangez ; faites bouillir.

2º Ajoutez une Mirepoix composée de 35 gr. de carottes, 35 gr. d'oignons coupés en petits dés, de thym et de laurier, le tout rissolé au beurre (ou à la graisse végétale). Mettez aussi dans la sauce le fonds de cuisson de ces légumes, obtenu en déglaçant, avec un demi-verre de vin blanc, la casserole où ils ont cuit.

Laissez cuire 2 heures 1/2 ; dépouillez souvent afin que la sauce devienne limpide.

3° Passez-la à la passoire fine ou au tamis, en pressant afin d'obtenir le suc des légumes.

Remettez la sauce dans la casserole, remouillez d'un litre de fonds brun ; ajoutez 2 décilitres de purée de tomates. Mélangez bien sans grumeaux.

Faites bouillir. Laissez cuire à petite ébullition en la dépouillant souvent jusqu'à ce qu'elle soit réduite de moitié.

Passez-la à l'étamine et employez selon indication ou, si la sauce est faite à l'avance, mettez-la dans une terrine et vannez-la jusqu'à ce qu'elle soit bien refroidie.

Form. 227. — **Sauce Demi-glace.**

Mouillez de 2 décilitres 1/2 de fonds brun et d'un décilitre 1/2 de cuisson de champignons, 4 décilitres de sauce espagnole bien dépouillée ; mélangez. Faites bouillir jusqu'à réduction de moitié. Ajoutez, hors du feu, 3 cuillerées de vin de Madère ; passez.

Remarque : On peut, en place de cuisson de champignons, mettre dans cette sauce, en cours de réduction, une poignée de pelure de champignons de couche[1] ; dans ce cas, augmenter proportionnellement la dose de fonds brun.

Form. 228. — **Jus ou Fonds brun lié.**

Faites réduire de moitié 1 litre de fonds brun.

1. Les champignons de couche se pèlent, ou mieux, se « tournent ». Les pelures et queues sont utilisées habituellement pour préparer la Duxelles. Lorsqu'on prépare des sauces, on peut mettre dedans une partie de ces pelures, afin de les rendre plus délicates.

Liez ce jus avec 8 gr. d'arrow-root[1] (ou de fécule) délayé de quelques cuillerées de fonds froid. Passez à la mousseline.

Nota : Suivant l'emploi final, additionnez ce jus d'un peu de madère ou laissez-le tel quel.

FORM. 229. — **Sauce Velouté (pour 1 litre 1/4).**

Préparez 160 gr. de roux blond (dans une casserole à fond plat et épais). Laissez cuire à petite ébullition, pendant 1 heure 1/2 en dépouillant souvent. Passez à l'étamine.

Nota : Si vous en avez, ajoutez dans la sauce une poignée de pelures de champignons (ou à défaut, quelques cuillerées de cuisson de champignons).

FORM. 230. — **Sauce Béchamel (pour 1 litre 1/4).**

Préparez 165 gr. de roux blanc (dans une casserole à fond plat et épais) mouillez avec 1 litre 1/2 de lait bouillant. Mélangez. Assaisonnez de sel et d'un peu de muscade rapée. Ajoutez 25 gr. d'oignons émincés, passés au beurre sans être colorés et un bouquet garni. Faites cuire doucement pendant 1 heure. Passez à l'étamine.

Nota : Au dernier moment complétez avec beurre et crème.

FORM. 231. — **Sauce Tomate (pour 1 litre 1/4).**

Faites revenir dans une casserole à fond plat et épais, avec 25 gr. de beurre (ou de graisse végétale)

---

1. *Arrow-root.* Fécule que l'on extrait de la racine du *Maranta arundinacea* et de quelques autres plantes analogues. On emploie l'arrow-root pour faire des bouillies au lait. Cette fécule convient très bien pour lier les jus et les coulis.

50 gr. de carottes et 35 gr. d'oignons coupés en petits morceaux carrés. Lorsque ces légumes sont légèrement rissolés, saupoudrez-les de 30 gr. de farine. Faites blondir, en remuant avec la cuiller de bois.

Mettez dans la casserole 1 litre de purée de tomate (de conserve) ou 1 kilo 500 de tomates crues (coupées en quartiers).

Ajoutez un bouquet garni et une gousse d'ail écrasée. Mouillez d'un 1/2 litre de fonds blanc ; assaissonnez ; mélangez ; faites bouillir.

Couvrez la casserole ; cuisez au four, à bonne chaleur, pendant 2 heures. Remuez de temps en temps.

Passez la purée au tamis fin ou à l'étamine. Remettez-la à bouillir quelques minutes. Employez selon indication. Si la sauce est faite à l'avance débarrassez-la dans une terrine ; tamponnez la surface avec un morceau de beurre et conservez au frais.

Nota : Cette sauce se conserve plusieurs jours. C'est une bonne précaution que d'en avoir toujours de prête.

On peut aussi la préparer sans farine. Elle est plus délicate, mais plus dispendieuse, la liaison ne pouvant être obtenue que par une réduction plus longue.

Avec les sauces de base indiquées ci-dessus, on peut préparer les différentes sauces composées dont les formules suivent. A ces formules nous avons joint aussi celles des sauces spéciales les plus usitées (toujours sans viande) et qui peuvent être employées comme accompagnement des plats sans viande.

PETITES SAUCES COMPOSÉES
BRUNES ET BLANCHES

Form. 232. — **Sauce Aurore (pour œufs, fonds d'artichauts, choux-fleurs, etc).**

Réduisez ensemble pendant quelques minutes 3 décilitres de sauce Velouté et 1 décilitre de purée de tomates; assaisonnez ; au dernier moment, ajoutez 40 à 50 gr. de beurre. Passez.

Form. 233. — **Sauce Béarnaise (pour œufs, fonds d'artichauts, champignons, etc.).**

Mettez dans une petite casserole : une cuillerée d'échalote hachée; 1 cuillerée d'estragon et 1 cuillerée de cerfeuil concassés; une pincée de poivre mignonnette et un peu de sel. Mouillez d'un décilitre de vinaigre. Réduisez des deux tiers. Laissez refroidir ; mettez 2 jaunes d'œufs dans la casserole.

Montez la sauce sur feu doux, en ajoutant, petit à petit, de 150 gr. à 180 gr. de beurre divisé en menus morceaux.

Assaisonnez la sauce ; relevez-la d'une pointe de Cayenne ; passez-la à la mousseline et ajoutez une cuillerée de cerfeuil et d'estragon haché.

Nota : On peut monter cette sauce au bain-marie. Une fois terminée, elle doit être conservée au chaud au bain-marie.

Form. 234. — **Sauce au Beurre dite « Batarde » et « sauce Blanche » (pour œufs, légumes bouillis).**

Faites fondre, dans une petite casserole, 20 gr.

de beurre ; ajoutez 20 gr. de farine; mélangez sur le coin du fourneau.

Mouillez de 3 décilitres d'eau bouillante salée (3 gr. de sel). Mélangez vivement au fouet.

Ajoutez 2 jaunes d'œufs délayés d'une cuillerée de crème (ou d'eau) ; fouettez pour bien mélanger; assaisonnez; relevez de quelques gouttes de jus de citron; passez; complétez, hors du feu, avec 150 gr. de beurre.

FORM. 235. — **Sauce au Beurre (méthode anglaise) (mêmes emplois)**.

Mélangez 30 gr. de beurre et 30 gr. de farine. Mouillez de 3 décilitres d'eau salée. Assaisonnez; relevez de quelques gouttes de citron; passez. Complétez, hors du feu avec 100 gr. de beurre.

FORM. 236. — **Sauce Bordelaise (pour œufs, fonds et quartiers d'artichauts, cardons, endives, laitues, etc.)**.

Réduisez des trois quarts 1 décilitre de vin rouge additionné d'une cuillerée d'échalote hachée, d'une pincée de mignonnette, d'un brin de thym et d'un peu de laurier.

Mouillez de 2 décilitres de sauce demi-glace [1] et faites réduire de moitié.

Incorporez à la sauce, hors du feu, 40 gr. de beurre, relevez d'un peu de Cayenne et d'un filet de jus de citron; passez.

---

1. Pour rendre nos recettes plus compréhensibles nous indiquons de les lier (les brunes) avec la sauce Espagnole ou la Demi-glace En ménage, où l'on n'a pas toujours les sauces de base, on les remplacera par un roux brun, préparé au moment ou par une liaison au beurre manié ou à la fécule.

FORM. 237. — Sauce Bordelaise au vin blanc (dite sauce Bonnefoy) (mêmes emplois).

Procédez ainsi qu'il est dit ci-dessus, en remplaçant le vin rouge par du vin blanc et la sauce demi-glace par du velouté.

FORM. 238. — Sauce Bretonne (pour haricots, lentilles, fèves, etc.).

Faites blondir au beurre 100 gr. d'oignons hachés; déglacez d'un décilitre 1/2 de vin blanc; faites réduire de moitié.

Mouillez de 2 décilitres de sauce espagnole et d'autant de sauce tomate, assaisonnez, ajoutez une pointe d'ail broyé. Faites bouillir quelques minutes.

Ajoutez aux légumes indiqués, cuits d'autre part.

FORM. 239. — Sauce Bretonne (pour œufs, fonds d'artichauts, laitues, etc.).

Étuvez au beurre, sans la laisser colorer, une Julienne fine composée de 20 gr. de blanc de poireau, de 20 gr. de blanc de céleri et de 20 gr. d'oignon. Assaisonnez de sel et de poivre. Lorsque ces légumes sont cuits, ajoutez 20 gr. de champignons également taillés en julienne. Assaisonnez.

Mouillez de 4 décilitres de velouté; faites bouillir quelques minutes. Complétez avec 2 cuillerées de crème et 30 gr. de beurre.

FORM. 240. — Sauce aux Câpres (pour œufs, légumes bouillis).

Au moment de servir, complétez de la sauce au beurre avec des câpres confites au vinaigre, bien égouttées.

FORM. 241. — **Sauce aux Champignons (à blanc) (pour œufs, fonds d'artichauts, pain de riz, etc.).**

Ajoutez 2 décilitres de cuisson de champignons bien réduite à 3 décilitres de sauce Française. Faites bouillir quelques minutes en plein feu. Complétez avec une vingtaine de très petits champignons tournés, cuits au blanc.

FORM. 242. — **Sauce aux Champignons (à brun) (mêmes emplois).**

Faites réduire de moitié 4 décilitres de sauce demi-glace additionnée de 2 décilitres de cuisson de champignons.

Ajoutez, hors du feu, une cuillerée de beurre. Complétez avec une vingtaine de très petits champignons tournés, cuits, ou simplement sautés au beurre.

FORM. 243. — **Sauce Chasseur (pour œufs, fonds d'artichauts, paniers de légumes divers, céréales, etc.).**

Faites vivement sauter au beurre (ou moitié beurre et moitié huile) 75 gr. de champignons émincés. Lorsqu'ils sont cuits, saupoudrez-les d'une cuillerée d'échalote hachée.

Mouillez d'un décilitre 1/2 de vin blanc ; faites réduire de moitié. Ajoutez 1 décilitre de sauce demi-glace et 2 décilitre de sauce tomate. Faites bouillir 5 minutes.

Complétez, hors du feu, avec 50 gr. de beurre et une demi-cuillerée de persil, cerfeuil et estragon hachés.

FORM. 244. — **Sauce Chantilly, (dite aussi sauce Mousseline) (pour légumes divers bouillis).**

Au moment de la servir, ajoutez à 4 décilitres de sauce Hollandaise, préparée ainsi qu'il est dit plus loin, 4 fortes cuillerées de crème fouettée bien ferme.

FORM. 245. — **Sauce à la Crème (pour œufs, légumes bouillis).**

Faites réduire en plein feu 4 décilitres de sauce Béchamel additionnée d'un décilitre de crème fraîche.

Passez ; complétez, au dernier moment avec quelques cuillerées de crème fraîche.

FORM. 246. — **Sauce au Currie, dite aussi sauce Indienne (pour apprêts comportant du riz).**

Étuvez au beurre, sans le laisser colorer, 100 gr. d'oignon émincé ; ajoutez un bouquet garni composé de queues de persil, de thym et de laurier et complété d'un fragment de macis et de cannelle.

Lorsque l'oignon est cuit, saupoudrez-le d'une forte cuillerée de currie en poudre [1]. Mélangez ; mouillez de 2 décilitres de lait de coco (obtenu en délayant, avec du lait tiède puis en pressant au torchon de la pulpe de noix de coco fraîche, râpée finement).

1. Le *Currie* dit aussi *Carry* et *Caric* est très usité dans la cuisine indienne. Les Anglais en font aussi un grand usage. Ce condiment, composé de piment jaune, de coriandre, de curcuma et d'autres substances aromatiques, est excellent pour assaisonner les plats comportant du riz. On le trouve chez les marchands de produits exotiques.

Ajoutez 3 décilitres de velouté, mélangez ; laissez cuire à petite ébullition pendant 40 minutes.

Passez ; au dernier moment, complétez avec quelques cuillerées de crème et un filet de jus de citron.

FORM. 247. — **Sauce au Currie (autre méthode) (mêmes emplois).**

Faites revenir au beurre 100 gr. d'oignon émincé. Ajoutez un bouquet garni et les aromates indiqués ci-dessus. Saupoudrez de 40 gr. de farine et d'une cuillerée de currie en poudre. Faites cuire quelques instants, sans laisser colorer. Mouillez de 5 décilitres de fonds blanc aromatique. Mélangez.

Faites cuire doucement pendant 45 minutes. Passez à l'étamine en foulant.

Faites chauffer, relevez d'un peu de jus de citron.

FORM. 248. — **Sauce Duxelles (pour œufs et légumes gratinés à brun).**

Faites chauffer 4 cuillerées de Duxelles sèche, mouillez d'un décilitre de vin blanc. Faites réduire.

Ajoutez 2 décilitres de sauce demi-glace et 1 décilitre de sauce tomate. Faites bouillir 5 minutes ; complétez avec une pincée de persil haché.

FORM. 249. — **Sauce aux Fines Herbes (pour œufs, légumes braisés).**

Faites réduire des deux tiers 1 décilitre 1/2 de vin blanc dans lequel vous aurez mis une petite cuillerée d'échalote hachée, une pincée de persil et autant de cerfeuil et d'estragon concassés.

Mouillez de 3 décilitres de sauce demi-glace.

Faites bouillir 5 minutes. Passez ; complétez avec une pincée de persil, cerfeuil et estragon hachés et un filet de jus de citron.

FORM. 250. — **Sauce aux Fines Herbes (à blanc) (pour œufs, fonds d'artichauts, cardons, endives, etc.).**

Préparez 3 décilitres de sauce Française ; avant de la passer, ajoutez-lui une cuillerée d'échalote finement hachée, tombée avec 4 cuillerées de vin blanc sec. Complétez avec une cuillerée de persil, cerfeuil et estragon hachés.

FORM. 251. — **Sauce Française (pour œufs, légumes, riz, etc.).**

Mettez dans un sautoir à fond plat et épais 3 jaunes d'œufs ; 2 décilitres 1/2 de fonds blanc froid ; 1 décilitre de cuisson de champignons ; assaisonnez d'une pincée de mignonnette, d'un peu de muscade et de quelques gouttes de jus de citron. Mélangez au fouet.

Ajoutez un demi-litre de velouté ; mélangez. Faites bouillir en plein feu, en remuant avec une spatule jusqu'à ce que la sauce ait réduit d'un tiers.

Passez à l'étamine et employez selon indication, en ajoutant, au dernier moment, 50 gr. de beurre frais.

Nota : Cette sauce, une des meilleures du répertoire gastronomique français (en cuisine normale, on la prépare avec du Velouté de veau ou de volaille) était, avant la guerre, connue sous le nom de sauce Allemande. Elle a été débaptisée par le maître Escoffier, très justement, hâtons-nous de le dire, et non par simple chauvinisme, mais bien parce que, créée par les praticiens français, elle ne devait rien au génie culinaire de l'Allemagne.

FORM. 252. — **Sauce Gratin (pour œufs et légumes gratinés à brun).**

Est la sauce Duxelles. (Voir plus haut ce mot).

FORM. 253. — **Sauce Hollandaise (spéciale aux légumes bouillis).**

Faites réduire de deux tiers (dans une petite casserole à fond plat et épais), 2 cuillerées d'eau et I cuillerée de vinaigre assaisonnées d'une pincée de sel et d'un peu de mignonnette. Laissez refroidir un peu la casserole.

Mettez dedans 3 jaunes d'œufs. Montez ces jaunes au fouet, sur le coin du fourneau, à chaleur douce jusqu'à ce qu'ils prennent la consistance d'une crème.

Lorsqu'ils sont à ce point, ajoutez 300 gr. de beurre très frais, préalablement fondu, mis petit à petit. Pendant l'opération du montage, mettez dans la sauce, à reprises différentes, quelques gouttes d'eau, ce qui la rendra plus légère.

Rectifiez l'assaisonnement de la sauce ; relevez-la de quelques gouttes de jus de citron et passez-la à l'étamine.

Nota : Une fois terminée, cette sauce doit être conservée au chaud au bain-marie tiède.

FORM. 254. — **Sauce Italienne (pour œufs, légumes).**

Est la sauce Duxelles (Voir plus haut ce mot).

Nota : En cuisine normale, cette sauce diffère de la sauce Duxelles par l'addition de jambon maigre cuit coupé en très petits dés.

Form. 255. — **Sauce Lyonnaise (pour œufs, légumes braisés).**

Faites revenir au beurre, jusqu'à ce qu'ils deviennent blonds, 100 gr. d'oignons hachés.

Lorsque ces oignons sont cuits, déglacez-les de un décilitre 1/2 de vinaigre (ou de moitié vin blanc et moitié vinaigre). Faites réduire.

Mouillez de 3 décilitres de sauce demi-glace. Faites bouillir 5 minutes. Passez à l'étamine ou employez tel quel.

Nota : Pour cette sauce et pour toutes les autres sauces brunes ménagères, on peut, à défaut de demi-glace, opérer ainsi :

Dès que l'oignon est cuit, saupoudrez-le de farine ; faites blondir cette farine ; déglacez avec le vinaigre ; mouillez avec du fonds brun ou, à défaut, avec de l'eau chaude additionnée d'une petite cuillerée de Soja. Terminez ainsi qu'il est dit plus haut.

On peut également lier ces sauces à l'aide d'un beurre manié ou d'un peu de fécule ou d'arrow-root délayés avec du fonds ou bouillon froids.

Form. 256. — **Sauce au Madère (pour œufs, légumes).**

Réduisez fortement de la sauce demi-glace et additionnez-la, hors du feu, de quelques cuillerées de vin de Madère.

Form. 257. — **Sauce Maltaise (pour légumes bouillis).**

Préparez 3 décilitres de sauce Hollandaise ainsi qu'il est dit plus haut.

Additionnez-la, au dernier moment, du jus (passé à la mousseline) d'une orange sanguine et d'une pincée du zeste haché finement.

Nota : Certains auteurs indiquent de préparer cette sauce avec le jus et le zeste de mandarine.

Form. 258. — **Sauce Mornay (pour œufs et légumes gratinés à blanc).**

Additionnez d'un décilitre de crème fraîche 4 décilitres de Béchamel. Faites réduire d'un tiers.

Ajoutez 25 gr. de Parmesan et 25 gr. de Gruyère râpés ; mélangez au fouet. Complétez avec 50 gr. de beurre et passez à l'étamine.

Form. 259. — **Sauce Mousseline, (dite aussi sauce Chantilly) (pour légumes bouillis).**

Voir sauce Chantilly. Formule 244.

Form. 260. — **Sauce au Paprika (pour œufs, légumes).**

Faites revenir au beurre, sans le laisser colorer, 50 gr. d'oignon haché. Assaisonnez d'une forte pincée de paprika et d'un peu de sel. Mouillez d'un décilitre de vin blanc ; faites réduire.

Ajoutez 4 décilitres de velouté. Faites bouillir 5 minutes ; passez à l'étamine ; complétez, au dernier moment, avec 50 gr. de beurre.

Form. 261. — **Sauce Périgueux (pour œufs, pains de légumes, fonds d'artichauts, etc).**

Additionnez de truffes hachées (ou coupées en petits dés) de la sauce demi-glace réduite avec de l'essence de truffes au vin de Madère.

FORM. 262. — **Sauce Portugaise (pour œufs, légumes braisés)**.

Faites revenir à l'huile 50 gr. d'oignon haché. Lorsqu'il commence à blondir, ajoutez-lui 500 gr. de tomates pelées, épépinées et concassées. Assaisonnez de sel, de poivre, d'un peu d'ail écrasé.

Cuisez doucement, la casserole couverte, en remuant souvent.

Mouillez de quelques cuillerées de sauce tomate et ajoutez, en dernier lieu, une demi-cuillerée de persil haché.

FORM. 263. — **Sauce Poulette (pour œufs, champignons, salsifis, etc.)**.

Additionnez d'un décilitre de cuisson de champignons très réduite 4 décilitres de sauce Française.

Faites bouillir quelques instants. Passez. Complétez, hors du feu, avec 25 gr. de beurre, un filet de jus de citron et une pincée de persil haché.

FORM. 264. — **Sauce Soubise (pour œufs, légumes)**.

Étuvez à blanc, au beurre, 250 gr. d'oignons émincés, blanchis fortement et bien égouttés.

Mouillez de 3 décilitres de sauce Béchamel. Assaisonnez. Faites cuire doucement ; passez à l'étamine, en foulant à la spatule. Remettez dans la casserole (rincée à l'eau chaude). Faites bien chauffer. Au dernier moment ajoutez 30 à 40 gr. de beurre et un demi-décilitre de crème.

FORM. 265. — **Sauce Villeroy (pour enrober les œufs et légumes devant être panés à l'anglaise)**.

Faites bien réduire en plein feu, en la remuant

tout le temps avec la spatule, de la sauce Française additionnée d'essence de truffes et de cuisson de champignons.

Cette sauce est à point lorsqu'elle nappe parfaitement la spatule.

SAUCES FROIDES

[Ces sauces se servent surtout avec les poissons et les œufs, mais peuvent très bien, quelques-unes du moins, accompagner certains légumes bouillis.]

FORM. 266. — **Sauce Aïoli (dite aussi Beurre de Provence).**

Broyez finement dans un petit mortier quatre gousses d'ail; ajoutez un jaune d'œuf cru; assaisonnez.

Montez le mélange comme une mayonnaise en lui incorporant, en le travaillant toujours au pilon, environ 2 décilitres et demi d'huile d'olive, versée goutte à goutte, au début, puis en petit filet, dès que la sauce prend du corps.

De temps en temps, pour rompre le corps de la sauce, ajoutez quelques gouttes de jus de citron et un peu d'eau.

FORM. 267. — **Sauce Chantilly (pour asperges et autres légumes bouillis).**

Préparez 3 décilitres de sauce mayonnaise très serrée, acidulée au citron.

Au dernier moment, ajoutez-lui 3 cuillerées de crème fouettée très ferme.

Form. 268. — **Sauce Gribiche (pour œufs, poissons et légumes bouillis).**

Broyez dans une petite terrine 2 jaunes d'œufs durs jusqu'à ce qu'ils forment une pâte lisse. Ajoutez à ces jaunes, en les travaillant toujours, une demi-cuillerée à café de moutarde ; assaisonnez de sel et de poivre.

Montez la sauce en lui ajoutant 3 décilitres d'huile et une demi-cuillerée de vinaigre.

Ajoutez-lui 2 cuillerées de câpres et de cornichons hachés et une demi-cuillerée de persil, cerfeuil et estragon hachés. Ajoutez également les blancs d'œufs cuits durs et taillés en julienne.

Form. 269. — **Sauce Maltaise (pour asperges et légumes bouillis, etc.).**

Préparez 3 décilitres de sauce mayonnaise très serrée. Ajoutez à cette sauce le jus (passé à la mousseline) d'une orange sanguine et une forte pincée du reste de cette orange finement haché.

Form. 270. — **Sauce Mayonnaise.**

Broyez au fouet, dans une petite terrine, 2 jaunes d'œufs (dont le germe aura été complètement retiré) additionnés d'une faible pincée de sel, d'une prise de poivre blanc et de quelques gouttes de vinaigre (ou de jus de citron).

Versez dans ce mélange, en le travaillant toujours au fouet, environ 3 décilitres d'huile, mise goutte à goutte au début, puis versée en filet dès que la sauce commence à prendre du corps.

De temps en temps, pour rompre le corps de la sauce, lui ajouter un peu de vinaigre (ou de jus de citron) mais en observant que, pour la quantité d'huile indiquée ci-dessus, il ne faut pas mettre plus de 3/4 de cuillerée à bouche de vinaigre ou de jus de citron.

Lorsque la sauce est bien montée ajoutez-lui une petite cuillerée d'eau bouillante. Cette addition donnera plus de cohésion à la sauce et en empêchera la désorganisation, si elle ne doit pas être employée aussitôt faite.

Form. 271. — **Sauce Menthe (Mint-sauce).**

Mettez dans une petite terrine 25 gr. de feuilles de menthe hachées finement ; ajoutez 15 gr. de cassonade.

Mouillez d'un décilitre de vinaigre et de 2 cuillerées d'eau.

Form. 272. — **Sauce Raifort**

Mettez dans une petite terrine 1 cuillerée de moutarde et 1 cuillerée de vinaigre ; mélangez.

Ajoutez 5 cuillerées de raifort râpé, une petite pincée de sucre en poudre et une pincée de sel.

Mouillez de 2 décilitres et demi de crème et ajoutez 250 gr. de mie de pain trempée au lait et pressée.

Form. 273. — **Sauce Ravigote (dite aussi Vinaigrette).**

Mettez dans une petite terrine 2 cuillerées de câpres et de cornichons hachés ; 1 cuillerée de persil, cerfeuil, estragon et ciboulette hachés et 1 cuillerée d'oignon haché finement lavé et pressé dans un linge. Assaisonnez de sel et poivre.

Ajoutez un demi-décilitre de vinaigre et 1 décilitre et demi d'huile ; mélangez.

FORM. 274. — **Sauce Rémoulade.**

Ajoutez à 3 décilitres de sauce mayonnaise une demi-cuillerée de moutarde ; 2 cuillerées de câpres et de cornichons hachés ; une demi-cuillerée de persil, cerfeuil, estragon hachés et quelques gouttes d'essence d'anchois ; mélangez.

FORM. 275. — **Sauce Verte.**

Préparez 3 décilitres de sauce mayonnaise très serrée.

Ajoutez-lui 4 cuillerées de suc d'herbes vertes préparé ainsi :

Blanchissez vivement à l'eau bouillante salée 45 gr. de feuilles d'épinards et de cresson et 20 gr. de feuilles de persil, cerfeuil et estragon. Égouttez et rafraîchissez ces herbes et pressez-les avec soin.

Pilez-les au mortier et, lorsqu'elles sont réduites en pâte, ajoutez leur une ou deux cuillerées de mayonnaise.

Passez ce mélange à l'étamine ou au tamis fin.

CHAPITRE VI

APPAREILS DIVERS
PURÉES, SALPICONS

RECETTES COMPLÉMENTAIRES

[On trouvera dans ce chapitre les recettes des diverses préparations auxiliaires qui sont mentionnées dans les formules données d'autre part.]

FORM. 276. — **Anglaise**.

Battez un œuf en omelette en l'additionnant d'une faible cuillerée d'huile, d'un peu de sel et d'une prise de poivre.

Nota : Cet appareil sert à tremper les objets devant être frits à l'anglaise, c'est-à-dire recouverts d'une couche de mie de pain fraîchement passée au tamis.

FORM. 277. — « **Appareils** » divers.

On désigne sous ce nom certaines préparations, composées d'un seul ou de plusieurs éléments, taillés en dés, en julienne ou autrement, et généralement liés de sauces blanches (avec quelquefois une liaison complémentaire de jaunes d'œufs) ou brunes.

Les salpicons employés pour confectionner les *Cromesquis*, les *Croquettes* sont des « appareils » ainsi que les ragoûts divers utilisés pour garnir les *Bouchées*, les *Croustades*, les *Vol-au-vent*, etc.

On désigne aussi sous le nom d' « appareils » certaines purées et certaines farces, telles que *Purée à pommes Duchesse* (V. Form. 186), *Purée à pommes Dauphine* (V. Form. 185).

Ci-après, nous donnons quelques recettes d'appareils « sans viande » que l'on pourra employer pour garnir les *bouchées, croûtes, rissoles*, etc., ou pour farcir certains légumes tels que *fonds d'artichauts , aubergines, champignons, concombres (en tronçons, creux) courgettes, laitues, oignons, pommes de terre*, etc., ou enfin pour préparer des *beignets, croquettes, cromesquis, rissoles, bouchées, cassolettes, croustades, croûtes, pâtes, tartelettes, vol-au-vent*, etc.

FORM. 278. — Appareil Argenteuil.

Salpicon d'asperges lié à la Béchamel.

FORM. 279. — Appareil Bouquetière.

Brunoise de légumes (V. Form. 310) lié de Velouté. Sur chaque bouchée, en forme de couvercle, une rouelle de carotte cannelée.

FORM. 280. — Appareil Bretonne.

Julienne (taillée courte) composée de rouge de carotte, de poireau, de céleri, de champignons et de truffes, liée au Velouté réduit à la crème. Comme couvercle, sur chaque bouchée, une lame de truffe.

FORM. 281. — **Appareil Champignons**.

A blanc : Salpicon de champignons, lié de Velouté ou de Béchamel.

A brun : Salpicon de champignons, lié de Demi-glace réduite au Madère.

Comme couvercle, une tête de champignon.

FORM. 282. — **Appareil Fermière**.

Rouge de carottes et navets, poireau, céleri, oignons émincés en paysanne, fondus doucement au beurre, lié au Velouté.

FORM. 283. — **Appareil Forestière**.

Petites morilles sautées au beurre.

FORM. 284. — **Appareil Indienne**.

Oignon taillé en petit dés, additionné d'une quantité égale de champignons également taillés en dés, le tout lié de sauce Indienne très serrée (V. Form. 246).

FORM. 285. — **Appareil Languedocienne**.

Aubergines coupées en dés, sautées à l'huile, liées de fondue de tomates.

FORM. 286. — **Appareil Montrouge**.

Purée de champignons à la crème (V. Form. 347).

Nota : Lorsque cet appareil est destiné à préparer des croquettes, on peut le lier aux jaunes d'œufs.

Form. 287. — **Appareil Monselet.**

Salpicon de fonds d'artichauts et de truffes lié de Velouté réduit à la crème, parfumé d'un peu de Madère.

Form. 288. — **Appareil Niçoise.**

Olives noires dénoyautées, blanchies, liées de fondue de tomates à l'estragon.

Form. 289. — **Appareil Piémontaise.**

Rizotto très crémeux additionné de truffes en dés.

Form. 290. — **Appareil Provençale.**

Cèpes escalopés, sautés à la Provençale.

Form. 291. — **Appareils divers pour cromesbuis, croquettes, rissoles.**

(Voir Salpicons, Formule 361.)
Nota : Pour ces apprêts, les salpicons doivent être liés aux jaunes d'œufs.

Form. 292. — **Beurre Clarifié.**

Ce beurre, qui, en réalité, est du beurre complètement épuré, convient très bien pour faire rissoler les articles. On l'emploie aussi pour frire les légumes concurremment avec l'huile et les graisses végétales.

Il est utile d'en avoir toujours une provision d'avance. On le prépare ainsi qu'il est dit ci-après.

Mettez le beurre dans une casserole à rebords

assez élevés. Faites-le fondre, d'abord doucement, puis laissez-le cuire à bonne chaleur jusqu'à ce qu'il devienne complètement limpide.

Passez ce beurre au linge fin et conservez-le en pots.

Form. 293. — **Beurre Fondu (pour conserver).**

Malaxez le beurre à l'eau froide afin d'en retirer la majeure partie de petit-lait.

Mettez-le dans une casserole à rebords élevés et placez le tout dans une autre casserole plus grande que vous remplirez d'eau afin d'obtenir un bain-marie.

Faites fondre à chaleur douce. Au fur et à mesure qu'elle remonte à la surface, enlevez à l'aide d'une écumoire, l'écume qui contient toutes les impuretés.

Lorsque le beurre devient limpide, retirez la casserole du feu et laissez bien reposer.

Décantez-le avec soin en évitant de prendre les parties caséeuses précipitées au fond de la casserole.

Mettez le beurre en pots. Lorsqu'il est solidifié, saupoudrez la surface d'un peu de sel. Couvrez et conservez en lieu frais.

Form. 294. — **Beurre Salé.**

Malaxez le beurre à l'eau froide assez longuement afin de bien faire partir tout le petit-lait qu'il contient.

Mettez ce beurre sur un marbre, ou, à défaut, sur la table de cuisine. Étalez-le en abaisse, au rouleau, à la façon d'une pâte. Saupoudrez-le de gros sel finement broyé, à la proportion de 50 gr. par kilo de beurre. Repliez l'abaisse de beurre sur elle-même et aplatissez bien afin que le sel se mélange parfaitement à la masse.

Mettez le beurre dans des pots en grès ou en verre, petits, de préférence, afin qu'ils ne restent pas trop longtemps entamés.

BEURRES COMPOSÉS

[On utilise la majeure partie de ces beurres pour préparer les hors-d'œuvre froids, les « canapés à la russe » surtout.

Quelques-uns sont aussi employés chauds, comme accompagnement d'articles grillés.]

FORM. 295. — **Beurre d'Ail.**

Pilez finement au mortier 65 gr. de gousses d'ail blanchies et égouttées.

Ajoutez 100 gr. de beurre ; mélangez, passez au tamis fin.

FORM. 296. — **Beurre Chivry.**

(Voir Beurre de Ravigote, form. 306).

FORM. 297. — **Beurre de Currie (dit Indien).**

Assaisonnez d'une demi-cuillerée à café de currie en poudre 100 gr. de beurre ramolli en pommade ; mélangez bien.

FORM. 298. — **Beurre d'Échalotes.**

Pilez finement au mortier 65 gr. d'échalotes blanchies, bien égouttées.

Ajoutez 100 gr. de beurre ; mélangez, passez au tamis.

FORM. 299. — Beurre d'Estragon.

Pilez 75 gr. d'estragon blanchi, égoutté, rafraîchi, pressé. Ajoutez 100 gr. de beurre. Passez.

FORM. 300. — Beurre à la Maître d'hôtel (s'emploie chaud).

Ramollissez en pommade 100 gr. de beurre. Ajoutez-lui une demi-cuillerée de persil haché, quelques gouttes de jus de citron, du sel et du poivre. Mélangez.

FORM. 301. — Beurre Manié (pour lier les sauces).

Mélangez intimement 40 gr. de farine et 60 gr. de beurre. Ajoutez ce mélange aux sauces ou jus bouillants, mélangez et évitez toute nouvelle ébullition.

FORM. 302. — Beurre de Moutarde.

Mélangez intimement à 100 gr. de beurre ramolli en pommade une cuillerée de moutarde ; mélangez **bien.**

FORM. 303. — Beurre Noir (s'emploie brûlant).

Faites chauffer à la poêle, jusqu'à ce qu'il devienne brun, 100 gr. de beurre. Versez-le brûlant sur les objets désignés que l'on aura assaisonnés de sel et de poivre, d'un filet de vinaigre et de feuilles de persil.

Form. 304. — **Beurre de Paprika.**

Assaisonnez d'une demi-cuillerée à café de paprika 100 gr. de beurre ramolli en pommade ; mélangez bien.

Form. 305. — **Beurre de Raifort**

Ajoutez à 100 gr. de beurre ramolli en pommade 25 gr. de raifort râpé et broyé finement ; passez.

Form. 306. — **Beurre de Ravigote (dit Chivry)**.

Pilez au mortier 65 gr. de feuilles de persil, cerfeuil, estragon, ciboulette et pimprenelle préalablement blanchies, rafraîchies, et pressées ; ajoutez 5 gr. d'échalote hachée, blanchie et égouttée.

Ajoutez 100 gr. de beurre ; mélangez, passez au tamis fin.

Form. 307. — **Beurre Vert**.

Pilez au mortier 65 gr. de feuilles d'épinards, cerfeuil, persil et estragon préalablement blanchies, rafraîchies et pressées.

Ajoutez 100 gr. de beurre, mélangez ; passez au tamis fin.

Form. 308. — **Beurre (ou graisse) de Coco.**

Ce beurre est très employé par les végétariens intégraux qui, par principe, rejettent tout produit tirant son origine des bêtes mortes.

Il convient pour bien des préparations de la cuisine sans viande, pour la friture surtout, à la condition toutefois (ce beurre étant très déshydraté et ne crépitant pas sur le feu), de ne pas le faire chauffer avec excès, ce qui lui donnerait un goût assez désagréable.

Ce beurre coûte moins cher que le beurre de vache. Il se conserve très longtemps sans rancir, même lorsque la boîte est entamée.

FORM. 309. — **Blanc pour légumes**.

Délayez sans grumeaux, avec 1 litre d'eau froide, une forte cuillerée de farine ; assaisonnez de 6 gr. de sel et ajoutez 2 cuillerées de vinaigre (ou jus d'un citron).

Faites bouillir en remuant bien ; ajoutez un oignon piqué d'un clou de girofle et un bouquet garni.

Nota : Cette cuisson s'emploie pour cuire certains légumes qui noirciraient si on les cuisait simplement dans de l'eau (fonds d'artichauts, cardons, salsifis). Pour qu'elle soit parfaite, il convient de lui ajouter un peu de graisse de rognon de bœuf coupée en petits morceaux. Cette graisse, en fondant, forme au-dessus du liquide une couche qui isole complètement les légumes du contact de l'air.

FORM. 310. — **Brunoise**.

Détaillez en dés minuscules 50 gr. de rouge de carotte ; 100 gr. de navet ; 75 gr. de poireau ; 50 gr. d'oignon et 50 gr. de céleri. Assaisonnez d'une pincée de sel et d'un peu de sucre en poudre.

Étuvez ces légumes doucement au beurre. Lorsqu'ils sont presque cuits et bien glacés, mouillez-les de quelques cuillerées de consommé et achevez de les cuire à couvert.

Nota : On emploie cette brunoise pour garnir les potages clairs et liés *(consommés, crèmes, purées)* on l'utilise aussi pour préparer des salpicons.

Form. 311. — **Chiffonnade**.

Détaillez en julienne fine une laitue moyenne. Faites fondre cette laitue au beurre.

A mi-cuisson, ajoutez de l'oseille également détaillée en julienne fine (en quantité égale à la laitue) ; assaisonnez, cuisez doucement, en remuant souvent.

Nota : Cette chiffonnade s'emploie pour garnir les potages clairs ou liés *(consommés, crèmes, purées),* les œufs, les *omelettes* surtout.

Form. 312. — **Cuisson des champignons de couche**.

Rogner la partie terreuse de la queue des champignons. Lavez ces derniers avec soin. Essuyez-les ; coupez les queues au ras de la tête (ces queues et les épluchures sont utilisées pour préparer la Duxelles.

Tournez correctement les champignons (ou les canneler). Jetez-les au fur et à mesure dans une cuisson préparée ainsi : (pour 500 gr. de champignons) mettez dans une casserole 2 décilitres d'eau ; assaisonnez d'une pincée de sel ; acidulez du jus d'un demi-citron et ajoutez une cuillerée de beurre.

Faites bouillir cette cuisson.

Les champignons étant dans la cuisson, faites-les bouillir 3 minutes. Employez ces champignons selon indication.

Nota : La cuisson des champignons s'emploie pour mouiller la plupart des sauces devant être réduites. Cette addition augmente beaucoup la délicatesse des sauces.

Form. 313. — **Cuisson des légumes braisés**.

Avant d'être mis à braiser, certains légumes (céleris, laitues, etc.) sont blanchis. Cette première cuisson, qui s'opère en faisant bouillir ces légumes pendant quelques minutes dans de l'eau salée, a le grand inconvénient d'enlever une quantité appréciable des minéraux qu'ils contiennent. On évitera donc ce blanchissage chaque fois que la chose sera possible.

Blanchissez les légumes ; rafraîchissez-les ; pressez-les afin de bien extraire toute l'eau de cuisson. Ficelez-les par deux ou par trois (pour les céleris et laitues).

Mettez-les dans une casserole beurrée, foncée d'oignons et de carottes coupés en rouelles. (En cuisine normale on complète ce fonçage avec des couennes et des bardes de lard.) Assaisonnez de sel et de poivre.

Faites suer à couvert, pendant quelques minutes. Mouillez, à hauteur des légumes, avec du bouillon. Cuisez doucement, au four, si c'est possible.

FORM. 314. — **Cuisson des légumes frais à l'Anglaise.**

Ce mode de cuisson s'applique surtout aux légumes verts, haricots verts, petits pois, fèves. On opère ainsi :

Mettez les légumes, épluchés, et lavés s'il y a lieu, dans une bassine d'eau bouillante, très abondante, salée à la proportion de 7 gr. au litre.

Cuisez les légumes le plus vivement possible et le *récipient découvert*.

Sitôt cuits, égouttez-les.

Nota : Cuits ainsi les légumes (petits pois et haricots verts surtout) se servent :

A l'anglaise : Égouttez-les, séchez-les en les sautant sur le feu. Prenez un légumier. Servez avec du beurre frais à part.

Au beurre : Égouttez et séchez les légumes ;

assaisonnez-les ; liez-les, hors du feu, avec du beurre frais divisé en petits morceaux (de 100 à 125 gr. par livre de légumes cuits).

FORM. 315. — **Légumes frais à la crème.**

Égouttez et séchez les légumes cuits à l'anglaise ; assaisonnez-les ; mouillez-les de crème bouillante en quantité suffisante pour qu'ils baignent. Faites réduire. Liez hors du feu avec du beurre frais.

FORM. 316. — **Cuisson des légumes secs.**

Il n'est pas indispensable —— et il est même parfois nuisible — de faire longuement tremper les légumes secs avant de les cuire. Un trempage prolongé risque en effet, en été surtout, d'occasionner un commencement de germination, ce qui rendrait ces légumes légèrement toxiques. On les cuira ainsi :

Mettez les légumes triés et lavés, dans une marmite. Couvrez-les d'eau froide. Amenez-les doucement à l'ébullition. Écumez ; assaisonnez ; ajoutez les garnitures aromatiques indiquées et laissez cuire à très petite ébullition. (Une très faible pincée de bicarbonate de soude facilite beaucoup la cuisson des légumes secs).

Une fois cuits, ces légumes sont accommodés suivant les indications spéciales.

FORM. 317. — **Cuisson des légumes frais a l'étuvée (dite aussi « à l'étouffée »).**

Mettez les légumes épluchés, lavés, entiers ou divisés en quartiers, selon leur nature, dans une casserole à couvercle fermant bien.

Assaisonnez-les de sel. Mouillez-les de très peu d'eau (deux ou trois cuillerées, au plus, pour 500 gr. de légumes). Ajoutez du beurre divisé en menus morceaux (de 50 à 70 gr. pour 500 gr. de légumes). Faites bouillir ; couvrez la casserole ; laissez cuire doucement.

FORM. 318.—**Cuisson des légumes frais à la vapeur.**

Épluchez et lavez les légumes. Mettez-les dans une marmite à grille dite « *marmite anglaise* » dont la partie inférieure sera remplie d'eau additionnée de gros sel.

Couvrez les légumes d'une mousseline. Mettez le couvercle sur la marmite. Faites bouillir. Laissez cuire, la marmite couverte.

FORM. 319. — **Cuisson des légumes herbacés**

Le type le plus connu de ces plantes est l'épinard. Le plus souvent, avant d'être accommodés au beurre, à la crème, ou de toute autre façon, les épinards sont *blanchis* à l'eau salée. Ce blanchissage n'est, à vrai dire, qu'une cuisson très rapide, faite dans une eau abondante et à découvert, afin d'obtenir que ces légumes restent bien verts. Cette eau de cuisson doit être salée à raison de 7 gr. au litre.

Sitôt cuits, ces légumes sont égouttés, pressés et accommodés suivant indication spéciale. En principe tout légume devant être accommodé et servi immédiatement après avoir été blanchi, *ne doit pas être rafraîchi*.

Le blanchissage des légumes herbacés peut très bien être supprimé, surtout pour des légumes aussi tendres que l'épinard ou que ses succédanés : la tétragone et l'ortie, dont on commence depuis quelque temps à apprécier la valeur alimentaire.

Ces légumes fraîchement cueillis, triés et lavés peuvent être *étuvés* à sec, ou du moins à très court mouillement.

Ils conservent ainsi tous leurs principes bienfaisants et sont meilleurs.

On peut même, particulièrement lorsqu'on opère avec des épinards très tendres, venant d'être cueillis, les cuire directement au beurre (après les avoir triés et lavés).

Les succédanés des épinards sont : l'arroche des jardins, les feuilles de bette, l'ortie et la tétragone. Ces herbes se préparent de la même manière que les épinards.

FORM. 320. — **Duxelles (pour sauces et farces).**

Hachez finement 125 gr. de champignons crus (on utilise habituellement pour cet apprêt les queues et épluchures des champignons de couche dont les têtes sont employées d'autre part).

Mettez ces champignons bien pressés dans un sautoir où vous aurez préalablement fait fondre, avec une cuillerée d'huile et autant de beurre, 1 cuillerée d'oignon haché, additionné, lorsqu'il est presque cuit, d'une demi-cuillerée d'échalote finement hachée.

Faites revenir jusqu'à ce que soit complètement réduite l'eau de végétation des champignons ; assaisonnez de sel et de poivre, et complétez avec une pincée de persil haché.

FORM. 321. — **Duxelles liée (pour légumes farcis).**

Mettez dans un sautoir 4 cuillerées de Duxelles sèche ; ajoutez un demi décilitre de vin blanc ; faites réduire.

Mouillez d'un demi-décilitre de sauce demi-glace

et d'autant de sauce tomate. Faites bouillir ; ajouter 2 cuillerées de mie de pain. Faites bouillir quelques instants. Complétez avec du persil haché et, suivant le goût, un peu d'ail écrasé.

FORM. 322. — **Essence de Champignons**.

(Voir Soya, Formule 366.)

FORM. 323. — **Essence de Tomates.**

(Voir Suc de tomates, Formule 367.)

FORM. 324. — **Extrait de Soja**.

Cet extrait, que l'on trouve tout prêt dans le commerce, augmente considérablement la saveur des mets préparés sans viande.

Il est produit par *le soja* (*soja hispida*) espèce de haricot originaire de l'Asie et introduit en France en 1855 par Montigny. Sa graine renferme plus de matières azotées (albumine) et de graisse que la viande.

Sa composition est la suivante : albumine 31,75 ; graisses 14,12 ; hydrates de carbone 3,21 ; sels 5,33 sur lesquels : acide phosphorique 1,63 ; chlore 0,03 ; potasse 2,31 ; chaux 0,22 ; magnésie 0,42.

L'extrait de soja s'emploie à très faibles doses. Quelques gouttes seulement suffisent pour donner une très grande sapidité à une grande assiettée de potage à l'eau. On peut en ajouter, en fin de cuisson, à la plupart des préparations comportant un jus ou une sauce.

FORM. 325. — **Fondue de Tomates (dite Portugaise)**.

Faites revenir à l'huile (ou au beurre) 100 gr. d'oignon haché.

Mettez dans cet oignon, lorsqu'il commence à devenir blond, 500 gr. de tomates pelées, pressées et concassées.

Assaisonnez de sel et de poivre, ajoutez un peu d'ail écrasé. Laissez cuire doucement jusqu'à ce que toute l'eau de végétation de la tomate soit bien réduite.

Form. 326. — **Liaison au beurre**.

Pour les légumes. Égouttez les légumes cuits à l'eau, égouttés et évaporés c'est-à-dire desséchés en les sautant quelques instants sur le feu ; assaisonnez-les.

Hors du feu, ajoutez du beurre divisé en menus morceaux (100 gr. pour une livre de légumes) ; mélangez bien en évitant de briser les légumes (ne plus faire bouillir).

Pour les fonds et jus. Faites réduire le fonds de cuisson de l'article en traitement.

Au dernier moment, ajoutez-lui du beurre frais divisé en menus morceaux ; mélangez bien (ne plus faire bouillir).

Form. 327. — **Liaison au beurre manié**.

Faites bouillir le fonds ou jus.

Lui ajouter, pour 5 décilitres, de 60 à 70 gr. de beurre manié ; ne plus faire bouillir.

Form. 328. — **Liaison à la crème**.

Pour les légumes. Cuisez les légumes à l'eau, égouttez-les et évaporez-les ; mouillez-les avec de la crème bouillante en quantité suffisante pour les baigner sans les couvrir. Faites réduire.

Au dernier moment, ajoutez, hors du feu, un morceau de beurre. Selon le goût acidulez d'un filet de citron.

Nota : On opère pareillement pour les légumes étuvés au beurre : *fonds d'artichauts ; cardons ; champignons ; céleris ; concombres ;* etc.

FORM. 329. — **Liaison à la fécule (ou à l'arrow-root).**

(Voir Formule 228.)

FORM. 330. — **Liaison au roux blanc, ou brun.**

(Voir Formules 223 et 225.)

FORM. 331. — **Marinade à la Grecque.**

Mettez dans une casserole 4 décilitres d'eau, 1 décilitre d'huile, le jus d'un citron ; assaisonnez de 5 gr. de sel ; ajoutez une petite branche de fenouil, une feuille de laurier, un brin de thym et une branche de persil réunis en bouquet ; une dizaine de grains de coriandre et autant de poivre en grains. Faites bouillir.

Nota : On cuit dans cette marinade divers légumes préparés pour hors-d'œuvre froids : *artichauts* (entiers, très petits, ou en quartiers) , *céleri* (en branche ou rave en quartiers) ; *cèpes ; champignons divers ; concombres* (tournés en petites gousses) ; *fenouil ; poireaux* (le blanc détaillé en tronçons).

FORM. 332. — **Marinade à la Niçoise.**

Faites fondre doucement avec 3 cuillerées d'huile 2 cuillerées d'oignon haché ; en fin de cuisson, ajoutez une pointe d'ail écrasé. Mettez dans cet oignon 2 tomates pelées, pressées, hachées. Assaisonnez de sel et de poivre. Faites cuire jusqu'à ce que l'eau de la tomate soit bien évaporée.

Mouillez d'un décilitre de vin blanc et d'un demi-décilitre d'eau ; ajoutez le jus d'un demi-citron. Faites bouillir. Au dernier moment, ajoutez une forte pincée d'estragon haché.

Nota : Même emploi que la marinade à la grecque.

FORM. 333. — **Marinade au vinaigre**.

Mettez dans une casserole 3 décilitres de vinaigre, 1 décilitre d'huile. Assaisonnez d'une pincée de sel ; ajoutez 1 gousse d'ail écrasée, une demi-feuille de laurier, un brin de thym, une branche (ou une racine) de persil, 4 grains de poivre. Faites bouillir 10 minutes.

Nota : On emploie cette marinade pour les cèpes et autres champignons marinés.

FORM. 334. — **Matignon**.

Faites cuire doucement au beurre 50 gr. de carottes et 50 gr. d'oignons coupés en paysanne (c'est-à-dire en petites tranches fines) et 25 gr. de céleri émincé pareillement. Assaisonnez de sel, de poivre et d'une pincée de thym et de laurier pulvérisés.

Lorsque les légumes sont bien fondus, mouillez-les de 2 cuillerées de vin de Madère. Laissez bien réduire ce mouillement.

Nota : En cuisine normale, la Matignon est complétée par du jambon cru coupé en menues tranches. Cette fondue de légumes s'emploie pour masquer certaines pièces devant être braisées. On l'utilise aussi comme garniture.

Form. 335. — **Mirepoix**.

Taillez en dés minuscules des carottes, oignons et céleri, dans les proportions indiquées pour la Matignon.

Faites fondre doucement ces légumes au beurre ; assaisonnez-les de sel, poivre, thym et laurier; pulvérisés.

Nota : La Mirepoix s'emploie pour les mêmes usages que la Matignon. On l'ajoute aussi aux sauces, aux farces, aux salpicons.

Form. 336. — **Pâte à Choux d'office**.

Mettez dans une casserole un demi-litre d'eau, 100 gr. de beurre et 5 gr. de sel. Faites bouillir.

Ajoutez hors feu 315 gr. de farine tamisée ; mélangez.

Remettez la casserole sur le feu et desséchez la pâte en la remuant sans discontinuer.

Ajoutez, hors du feu, à la pâte, en la travaillant toujours, de 6 à 7 œufs, mis un à un.

Nota : Cette pâte sert à préparer les *beignets soufflés, les gnokis, les pommes de terre Dauphine*, etc.

Form. 337. — **Pâte à Crêpes (sans sucre, pour hors-d'œuvre et garnitures diverses)**.

Mettez dans une terrine 250 gr. de farine tamisée et une pincée de sel.

Mélangez cette farine avec 4 ou 5 œufs (suivant grosseur). Lorsque le mélange est bien homogène, ajoutez-lui 2 cuillerées de beurre fondu (ou d'huile) et un demi-litre de lait bouilli refroidi. Mélangez sans grumeaux.

Laissez reposer la pâte deux ou trois heures avant de faire les crêpes.

Nota : Cette pâte sert à préparer les crêpes employées comme garniture de potage (détaillées en julienne ou à l'emporte-pièce. On l'utilise aussi pour confectionner certains hors-d'œuvre chauds tels que *cromesquis, fritots, etc.*

Form. *338.* — **Pâte à Foncer ordinaire**.

Mettez sur la table 500 gr. de farine tamisée, disposée en cercle. Mettez au milieu de ce cercle 250 gr. de beurre un peu ramolli, 10 gr. de sel et 2 décilitres d'eau.

Détrempez la pâte en incorporant peu à peu la farine ; pétrissez un peu.

Fraisez deux fois ; rassemblez la pâte en boule. Enfermez-la dans un linge et laissez-la reposer quelques heures avant de l'employer.

Form. *339.* — **Pâte à Frire (pour légumes)**.

Mettez dans une terrine 125 gr. de farine tamisée. Ajoutez une pincée de sel et 2 cuillerées d'huile (ou de beurre fondu), ajoutez un œuf ; mélangez ; mouillez avec de l'eau froide en quantité voulue pour obtenir une pâte un peu claire.

Nota : Cette pâte doit-être préparée quelques heures avant l'emploi.

Form. *340.* — **Pâte à Frire (pour beignets, fritots, etc.)**.

Préparer la pâte avec farine, huile (ou beurre), eau et sel, ainsi qu'il est dit ci-dessus, mais sans ajouter d'œuf.

Au moment de l'employer ajoutez-lui 2 blancs d'œufs fouettés en neige ferme.

Form. 341. — **Pâte à Nouilles**.

Mettez sur la table 500 gr. de farine tamisée disposée en cercle. Mettez au milieu de ce cercle 4 œufs entiers, 5 jaunes et 15 gr. de sel.

Mélangez ; fraisez à deux reprises. Réunissez la pâte en boule, et laissez-la reposer 2 heures avant de la détailler.

Form. 342. — **Pâte à Profiteroles**.

Préparez cette pâte ainsi qu'il est dit pour la pâte à choux d'office (Voir Form. 336) en employant les proportions suivantes : 2 décilitres d'eau, 75 gr. de beurre, 100 gr. de farine, 4 gr. de sel avec 2 œufs.

Nota : Les profiteroles s'emploient comme garniture de potages. On les couche sur plaque, à la poche, en forme de petites noisettes. On les fait cuire au four en les tenant très sèches.

On les fourre au sortir de cuisson avec une purée quelconque.

Form. 343. — **Purées de légumes divers**.

Outre leur emploi comme légume proprement dit, ou comme base de potages liés, les purées (de légumes frais et secs) peuvent être utilisées comme garnitures.

On peut aussi les employer pour préparer des *cromesquis* et des *croquettes ;* pour garnir des *bouchées* et *croustades* diverses ; pour farcir des légumes (*fonds d'artichauts, aubergines, champignons, courgettes,* etc.).

Certains légumes étant trop aqueux, (artichauts, choux-fleurs, haricots verts, etc.), doivent être renforcés par un légume plus farineux (la pomme de terre le plus souvent) afin d'en assurer la liaison. On peut aussi — et cette pratique est à recommander en ménage — ajouter aux légumes, à mi-cuisson, une petite quantité de riz. La purée obtenue ainsi est très délicate et très nutritive.

Certaines purées, enfin, se lient à la Béchamel.

Les purées de légumes secs s'obtiennent en passant au tamis fin ces légumes cuits selon la méthode habituelle ; on les additionne, en dernier lieu, d'un peu de beurre frais et, si l'on veut les rendre plus fines, de crème,

Form. 344. — **Purée d'Artichauts.**

Étuvez au beurre 4 fonds d'artichauts. Passez-les au tamis. Ajoutez à cette purée la moitié de son volume de purée de pommes de terre ; faites chauffer, complétez avec du beurre.

Form. 345. — **Purée d'Asperges, (dite Argenteuil).**

Même méthode que pour la purée d'artichauts.

Form. 346. — **Purée Bretonne.**

Passez au tamis fin des haricots blancs cuits selon la méthode habituelle et additionnés de sauce Bretonne (Voir Form. 238). Complétez, hors du feu, avec du beurre.

Form. 347. — **Purée de Champignons, (dite Mont-rouge).**

Passez vivement au tamis 250 gr. de champignons (de couche) crus, parés et lavés. Pressez ces champignons dans un linge.

Mettez-les dans un sautoir où vous aurez fait fortement réduire de la Béchamel avec de la crème (1 décilitre environ). Assaisonnez de sel, poivre et muscade. Réduisez en plein feu. Au dernier moment complétez avec 25 gr. de beurre.

FORM. 348. — **Purée Conti ou de Lentilles.**

Passez au tamis fin des lentilles cuites selon la méthode habituelle. Finissez avec beurre.

FORM. 349. — **Purée Crécy ou de Carottes.**

Étuvez au beurre des carottes émincées. Mouillez-les avec de l'eau (ou du bouillon). Ajoutez- leur le quart de leur poids de riz. Achevez de cuire le tout ensemble. Passez au tamis fin. Finissez avec beurre.

FORM. 350. — **Purée d'Épinards.**

Liez de Béchamel très serrée des épinards cuits à l'eau, passés au tamis, étuvés au beurre.

FORM. 351. — **Purée de Haricots blancs (dite Soissonnaise).**

Passez au tamis des haricots blancs selon la méthode habituelle. Faites chauffer la purée. Au dernier moment, liez-la, hors du feu, avec du beurre fin.

FORM. 352. — **Purée de Haricots rouges.**

Comme la purée de haricots blancs.

Form. 353. — **Purée de Haricots verts.**

Passez au tamis fin des haricots verts blanchis, étuvés au beurre. Ajoutez-leur le tiers de leur poids de purée de pommes de terre. Finissez au beurre.

Form. 354. — **Purée de Navets.**

Étuvez les navets au beurre ; passez-les au tamis. Ajoutez à cette purée le tiers de son volume de purée de pommes de terre. Finissez au beurre.

Nota : On peut, pour simplifier, ajouter des pommes de terre aux navets, lorsque ces derniers sont à moitié cuits. On passe les deux articles en même temps. Cette remarque s'applique aussi aux purées de gros légumes.

Form. 355. — **Purée d'Oseille.**

Faites fondre avec très peu d'eau l'oseille épluchée et lavée avec soin. Égouttez-la sur un tamis. Mettez-la dans une casserole où vous aurez préalablement préparé un roux blond (pour 500 gr. d'oseille : 30 gr. de beurre et 20 gr. de farine). Mélangez ; mouillez de consommé ; assaisonnez. Faites braiser, au four, à couvert, pendant 2 heures.

Passez l'oseille au tamis fin. Faites-la réduire un peu. Liez-la de 2 œufs battus en omelette. Faites chauffer sans faire bouillir. Au dernier moment, complétez avec 60 gr. de beurre et 3 cuillerées de crème.

Form. 356. — **Purée de Pois frais (dite Saint-Germain).**

Passez au tamis fin des pois frais vivement cuits avec très peu d'eau, du sel et une pincée de sucre.

Chauffez cette purée ; liez-la, hors du feu, avec du beurre très fin.

FORM. 357. — **Purée de Pois cassés**.

Comme la purée de haricots blancs.

FORM. 358. — **Purée de Pommes de terre**.

Cuisez à l'eau salée, *le plus vivement possible*, des pommes de terre coupées en quartiers.

Égouttez-les ; séchez-les quelques instants au four. Passez-les au tamis, le plus rapidement possible et en imprimant au pilon des poussées verticales, Mettez la purée dans une casserole. Chauffez-la en la travaillant vigoureusement. Ajoutez-lui, au dernier moment, du beurre fin divisé en menus morceaux (de 80 à 100 gr. par 500 gr. de purée).

Éclaircissez avec un peu de lait bouillant (ou de la crème). Chauffez au bain-marie.

Nota : Pour procéder plus économiquement, on peut, au lieu de lait, diluer la purée avec sa cuisson. On peut également diminuer la quantité de beurre.

FORM. 359. — **Purée de Topinambours**.

Procédez ainsi qu'il est dit pour la purée d'artichauts.

FORM. 360. — **Royale**.

Battez en omelette 1 œuf entier et 3 jaunes.

Mouillez ces œufs avec 2 décilitres de consommé dans lequel vous aurez fait infuser une forte pincée de pluches de cerfeuil. Passez ce mélange à la passoire fine.

Versez-le dans un moule à charlotte beurré. Faites cuire au bain-marie en évitant toute ébullition de l'eau.

Laissez bien refroidir le pain de Royale et détaillez-le en petits morceaux carrés, en losanges ou à l'emporte-pièce rond cannelé.

Nota : La Royale s'emploie pour garnir les consommés. On peut également l'utiliser pour garnir les canapés comme hors-d'œuvre.

Form. 361. — **Salpicons pour cromesquis, croquettes, rissoles**.

On compose les salpicons d'un seul ou de plusieurs éléments. Ces articles sont toujours taillés en dés.

Lorsque les salpicons sont destinés à préparer des *cromesquis* ou des *croquettes* ils doivent être liés d'une sauce très serrée, blanche (avec, dans certains cas, liaison complémentaire aux jaunes d'œufs) ou brune. Il faut 2 décilitres de sauce pour 500 gr. de salpicon. (Pour la confection des *cromesquis*, voir Form. 82 ; pour celle des *croquettes*, Form. 84, et pour celle des *rissoles*, Form. 98.)

SALPICONS DIVERS

Form. 362. — **Salpicon de Champignons**.

Champignons de couche en dés, étuvés au beurre, liés de sauce Française (Voir Formule 251) ou de Béchamel.

Form. 363. — **Salpicon Indienne.**

Champignons en dés, étuvés au beurre, additionnés d'oignon en dés revenu au beurre et de riz cuit au blanc, le tout lié de sauce Indienne très serrée. (Voir Formule 247.)

Form. 364. — **Salpicon de Légumes frais.**

Légumes divers (artichauts, carottes, céleri, chayotte, concombres, haricots verts, navets, patates, etc.) coupés en dés, étuvés au beurre, liés de Béchamel.

Nota : On peut renforcer chacun de ces salpicons avec un tiers de pommes de terre en dés.

Form. 365. — **Salpicon Milanaise.**

Macaroni cuit à l'eau, coupé en dés, lié à la Béchamel et au fromage, additionné de truffes en dés et de sauce tomate.

Nota : La plupart des compositions indiquées pour les appareils pour *bouchées* et autres *croûtes*, peuvent aussi être employées pour confectionner les cromesquis, croquettes et rissoles.

On peut aussi préparer ces hors-d'œuvre avec des purées diverses (Voir Form. 343 et suivantes.)

Form. 366. — **Soya ou Essence de champignons.**

Coupez, après les avoir lavés, des champignons divers (prairies, cèpes, mousserons, oronges, etc.) qui, trop petits, ne peuvent être utilisés comme légume. Mettez-les dans un bocal, par couches, en saupoudrant chaque couche d'un peu de gros sel finement écrasé. Couvrez. Tenez au frais pendant

12 heures, de façon à obtenir une macération complète.

Pressez les champignons; mettez le liquide obtenu dans une casserole ; faites-le réduire jusqu'à ce qu'il commence à prendre de la consistance. Additionnez-le alors de vin de Madère ou de Porto. Assaisonnez ; condimentez d'épices diverses et de Cayenne. Faites réduire le liquide jusqu'à consistance un peu sirupeuse. Mettez-le dans de petites bouteilles; bouchez hermétiquement; ficelez. Faites cuire au bain-marie pendant 4 minutes.

Nota : Ce condiment s'ajoute aux mets, en dernier lieu, sur table même, à la façon de la sauce Anglaise.

Form. 367. — **Suc de Tomates (dit aussi Confitures ou Essence de tomates)**.

Passez au tamis fin des tomates crues bien mûres. Mettez le suc obtenu dans une casserole. Faites-le cuire doucement jusqu'à ce qu'il prenne une consistance sirupeuse.

Passez ce suc à la mousseline.

Nota : Cette essence de tomates s'ajoute en dernier lieu, en très petite quantité, aux sauces brunes. Elle augmente leur saveur et les rend très brillantes.

On peut aussi l'employer dans bon nombre de préparations. Elle est notamment excellente pour rehausser l'assaisonnement des salades simples ou composées.

INDEX ALPHABÉTIQUE

TABLE DES CHAPITRES

ÉVREUX, IMPRIMERIE CH. HÉRISSEY